Guia de Passeios

PARIS

Roteiros para você explorar a cidade a pé

PUBLIFOLHA

Tele Atlas Os mapas deste guia foram produzidos por Tele Atlas N.V.

PUBLIFOLHA
Divisão de Publicações do Grupo Folha
Al. Barão de Limeira, 401, 6o andar, CEP 01202-900, São Paulo, SP
Tel.: (11) 3224-2186/2187/2197
www.publifolha.com.br

Coordenação do Projeto
PubliFolha
Editor-assistente Rodrigo Villela
Coordenação de produção gráfica Soraia Pauli Scarpa
Assistência de produção gráfica Mariana Metidieri
Capa Helena Garcia – TIL

Produção Editorial
Editora Página Viva
Edição Maria Sylvia Corrêa
Tradução Luis Reyes Gil
Direção de arte Priscylla Cabral
Assistência de arte Vagner Facuri

AA Publishing
Autor Peter e Oriel Caine
Equipe de desenvolvimento de projeto Paul Mitchell
Donna Wood, Alison Fenton, Felicity Jackson, Polly Boyd
Pesquisa iconográfica Michelle Aylott
Mapas Mapping Services
Tratamento de imagem Michael Moody
Produção Stephanie Allen

Impressão e acabamento: Leo Paper Products Ltd, China.

Foi feito o possível para garantir que as informações deste livro fossem as mais atualizadas disponíveis até o momento da impressão. No entanto, alguns dados como telefones, preços, horários de funcionamento e informações de viagem estão sujeitos a mudanças. Os editores não podem se responsabilizar por qualquer consequência do uso deste guia, nem garantir a validade das informações contidas nos sites indicados.

Os leitores interessados em fazer sugestões ou comunicar eventuais correções podem escrever para a Publifolha, Al. Barão de Limeira, 401, 6o andar, CEP 01202-900, São Paulo, SP, enviar um fax para: (11) 3224-2163 ou um e-mail para: atendimento@publifolha.com.br

Dados Internacionais de Catalogação na Publicação (CIP)
(Câmara Brasileira do Livro, SP, Brasil)

Caine, Peter
Guia de Passeios : Paris / Peter e Oriel Caine ;
[tradução Luis Reyes Gil]. – São Paulo : Publifolha, 2009.
(Coleção 24 passeios)

Título original: History & Mystery : Paris.
ISBN 978-85-7914-008-2

1. Paris (França) – Descrição e viagens – Guias
2. Turismo – Guias I. Caine, Oriel. II. Título. III. Série.

09-00804 CDD-914.436

Índices para catálogo sistemático:

1. Guias de viagem : Paris : França 914.436
2. Paris : França : Guias de viagem 914.436

A grafia deste livro segue as regras do **Novo Acordo Ortográfico da Língua Portuguesa**.

METROPOLITAIN
LOUVRE RIVOLI

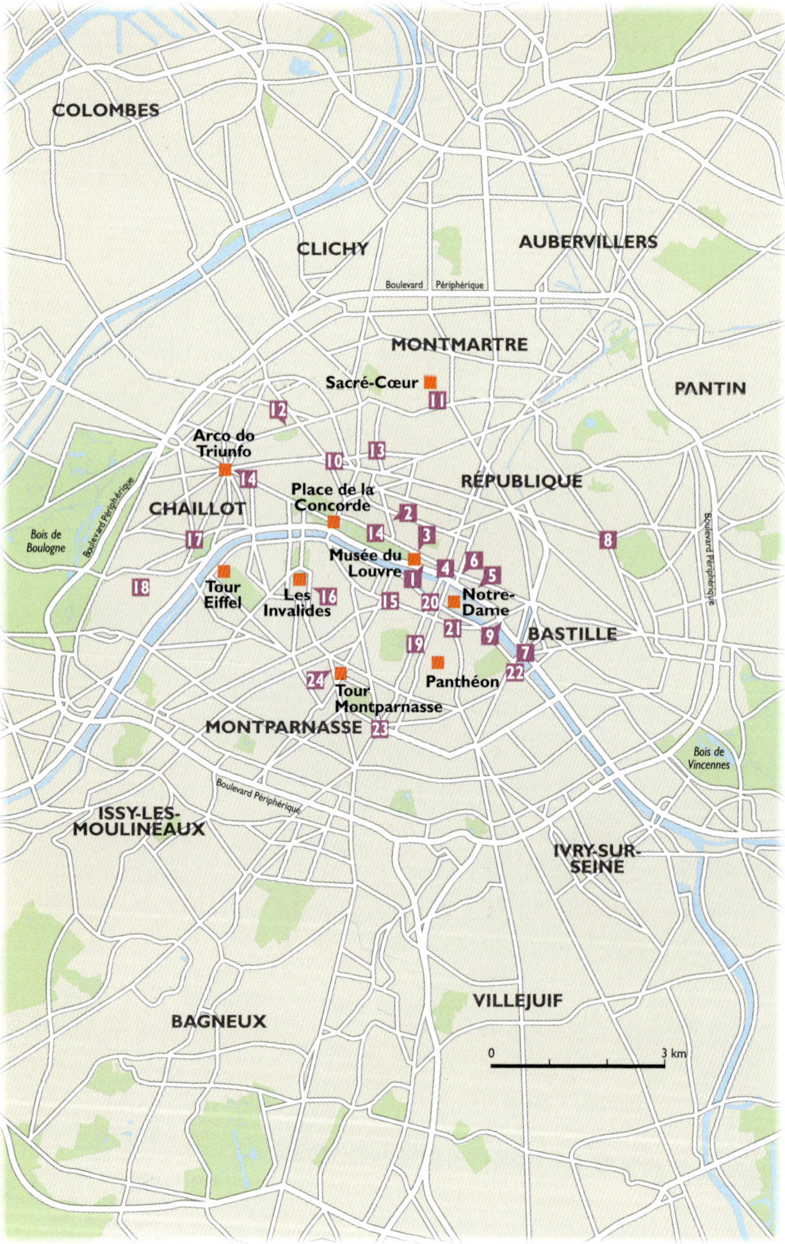
COLOMBES
CLICHY
AUBERVILLERS
Boulevard Périphérique
MONTMARTRE
Sacré-Cœur
11
PANTIN
12
Arco do Triunfo
13
10
14
RÉPUBLIQUE
Place de la Concorde
CHAILLOT
2
14
3
Bois de Boulogne
Boulevard Périphérique
17
8
Boulevard Périphérique
Musée du Louvre
6
4
1
5
18
Tour Eiffel
Les Invalides
16
15
20
Notre-Dame
21
9
BASTILLE
19
7
22
24
Panthéon
Tour Montparnasse
MONTPARNASSE
23
Bois de Vincennes
Boulevard Périphérique
ISSY-LES-MOULINEAUX
IVRY-SUR-SEINE
VILLEJUIF
BAGNEUX
0
3 km

SUMÁRIO

Introdução

Os parisienses chamam sua capital de "cidade das cem vilas", porque cada bairro tem sua própria personalidade, e sua cota de história e mistério. Este livro explora 24 diferentes *quartiers* (bairros) de Paris, mostrando os monumentos mais famosos da cidade, e visitando também alguns locais curiosos, por serem calmos, antigos ou escondidos, que mesmo os parisienses muitas vezes desconhecem.

Há uma introdução a cada passeio, que fala em termos gerais da história da área, para que você já antecipe o sabor daquilo que verá durante o trajeto. Paris é a capital das delícias culinárias e, como não há nada como um passeio para abrir o apetite, cada um deles traz recomendações dos melhores locais para um almoço, café, um doce ou um lanche.

Se for sua primeira visita a Paris, então Île de la Cité (Passeio 1), Marais (Passeios 5 e 6), Quartier Latin (Passeio 20) e Montmartre (Passeio 11) são passeios essenciais. Se quiser curtir uma história cronológica de Paris, então comece pelo Passeio 1, "O berço da cidade". Continue com os Passeios 19 e 20 no Quartier Latin, e com o Passeio 3 em Les Halles. Assim, estará acompanhando o desenvolvimento da cidade, que nasceu na Île de la Cité nos tempos pré-Roma, e espalhou-se pela Margem Esquerda e, por fim, pela Margem Direita na Idade Média.

O período da Renascença é o tema dos Passeios 5 e 6, pelo lindo bairro do Marais. Você poderá ver vestígios da Revolução Francesa em muitos dos lugares, e também no envolvente e incomum Passeio 23, "As catacumbas". Na Paris do século 19 houve um grande desenvolvimento urbano. Entre 1850 e 1870, a cidade dobrou de tamanho, e 70% do velho centro foi demolido, para ser em seguida reconstruído, sob supervisão do barão Haussmann. Esta cidade de avenidas e bulevares pode ser vista no Passeio 13, "O fantasma da Ópera", e no Passeio 12, "Como vive a outra metade". Este último passeio leva você a visitar as magníficas mansões do século 19, no bairro de Monceau. Depois de completar estes passeios, continue com uma visita ao Musée Carnavalet, onde você irá viajar pela história de Paris. O museu é gratuito.

Não saia de Paris sem conhecer o mágico bairro de Montmartre (Passeio 11). Este passeio leva cerca de duas horas e meia, mas, parando para ver as magníficas vistas de Paris do alto do monte, a agitada praça dos artistas e os tentadores restaurantes, você gastará facilmente metade de um dia aqui.

Todos os passeios têm entre 2 e 4km e, exceto em Montmartre, são em terreno relativamente plano. Incluímos sugestões dos melhores horários, mas quanto você vai gastar de tempo em cada passeio vai depender do seu ritmo, e das paradas que fizer.

Vale a pena comprar o passe para museus, de 2, 4 ou 6 dias, que permite entrar neles sem enfrentar filas. Ao comprar o passe, peça o livreto que lista os museus participantes. Ele está disponível no Escritório de Turismo de Paris, rue des Pyramides, 25. Você pode comprar o passe pela internet, no site www.parismuseumpass.fr, antes de sair de casa. A maioria dos museus é gratuita para menores de 18 anos, alguns dão descontos para quem tem entre 18 e 25 anos, e a maioria fecha às segundas ou terças.

Paris é maravilhosa em qualquer época do ano, mas a primavera e o outono são ótimos para andar. O mês de agosto é o principal período de férias dos franceses; é quando a maioria dos parisienses vai para o campo, e Paris entra em sonolenta hibernação. Embora possa ser muito quente em agosto, é uma das melhores épocas para os visitantes. Lembre-se de usar sapatos confortáveis para andar, e um chapéu no verão. Carregue sempre uma garrafa de água. Na hora mais quente do dia, procure refúgio no interior de uma igreja ou num dos sombreados parques da cidade.

Curta os passeios deste guia e não tenha receio de aumentar ainda mais seu prazer abrindo novas portas para descobrir sua própria "Paris secreta".

PASSEIO 1

O berço da cidade

Percorra as origens de Paris, uma antiga cidadela que começou dentro de uma ilha. Aqui na Île de la Cité, cada período histórico deixou sua marca.

Vestígios arqueológicos sugerem que os membros de uma tribo celta, os *parisii*, foram os primeiros a se instalar na Île de la Cité, no meio do rio Sena, no século 3º a.C. A Île de la Cité era um assentamento seguro, com o Sena servindo de fosso natural, mas nenhuma defesa seria suficiente para proteger os celtas da invasão romana de 52 a.C. Havia uma relativa paz entre os romanos e os celtas, e a cidade, rebatizada como Lutécia (que significa "nascida das águas"), prosperou. Os *parisii* eram construtores de barcos e hábeis marinheiros, inspirando os administradores romanos a escolher o navio como seu símbolo. O lema latino de Paris era *Fluctuat Nec Mergitur,* ou seja, "Flutua e não afunda". O emblema e o lema ainda são usados hoje. Na época romana, a ilha era dividida por um eixo norte-sul: o leste era residencial e centro da vida espiritual, e o oeste era administrativo. Hoje existe a mesma divisão, mas a catedral medieval de Notre--Dame substituiu o templo romano a Júpiter. No século 19, muitas igrejas e o labirinto de casas medievais foram demolidos, nascendo as ruas retas de Haussmann. O Mémorial de la Déportation (Monumento aos Deportados) modernizou a ilha, e você pode rever aqui cerca de 2 mil anos de história.

1 Saia da estação de metrô Pont Neuf e atravesse a ponte, admirando a magnífica vista. Pare na metade do caminho, na estátua.

Pont Neuf quer dizer Ponte Nova, mas, por ironia, é a mais velha de Paris, a primeira feita em pedra e sem casas em cima. As seções laterais em semicírculo eram bancas de mercado, usadas por extratores de dentes, curandeiros e mercadores. A estátua original de Henrique IV foi fundida durante a Revolução. O antimonarquista que a substituiu escondeu uma estatueta de Napoleão na barriga do cavalo; isto foi descoberto há pouco tempo, durante trabalho de restauração. Os degraus junto à estátua vão até a place du Vert Galant, onde Jacques de Molay, grão-mestre dos Templários, foi queimado vivo, amaldiçoando os reis enquanto ardia no fogo. A loja de departamentos La Samaritaine, na Margem Direita, tem uma bela fachada Art Déco. Seu fundador doou sua coleção de mobília para a cidade – ela está hoje no Musée Cognacq-Jay.

2 Da estátua, atravesse a rua até a place Dauphine e vire à esquerda na rue de Harlay, dando a volta na Conciergerie. Vire à direita no boulevard du Palais, atravesse até a place Louis Lépine, e pare para admirar a Conciergerie e a Sainte-Chapelle.

A Conciergerie era o palácio real antes da construção do Louvre. Durante a Revolução, serviu como prisão, e aqui foram mantidos 2.600 prisioneiros antes de irem para a guilotina. A cela de Maria Antonieta pode ser visitada, e o edifício é hoje o Museu da Revolução. A torre mais a oeste, de frente para o Sena, era onde se torturavam os prisioneiros. Como seus gritos podiam ser ouvidos do outro lado do rio, é chamada de Tour Bon Bec, ou seja, "Torre da Boa Garganta". Você pode comprar um ingresso combinado para visitar o museu e a Sainte-Chapelle, construída nos anos 1240. Os vitrais dela são os melhores de Paris e foram destinados à capela particular do rei. São Luís mandou construir a capela para abrigar a Coroa de Espinhos e outras preciosas relíquias sagradas, que podem ser vistas hoje em Notre-Dame.

CONCIERGERIE;

DIARIAM 9h30-18h www.monum.fr

ONDE COMER

1 PANIS
Quai de Montbello, 21
Tel: 01 43 54 19 71
Tradicional brasserie. Porções generosas numa localização adorável.

2 LA RESERVE DE QUASIMODO
Rue de la Colombe, 4
Tel: 01 46 34 67 67
Pitoresco restaurante e degustação de vinhos, em cenário histórico.

3 LE GRENIER DE NOTRE-DAME
Rue de la Bûcherie, 18
Tel: 01 43 29 98 29
Comida vegetariana servida em um ambiente atraente.

DISTÂNCIA 2,5km

DURAÇÃO 2 horas

INÍCIO Estação de metrô Pont Neuf

TÉRMINO Estação de metrô Hôtel de Ville

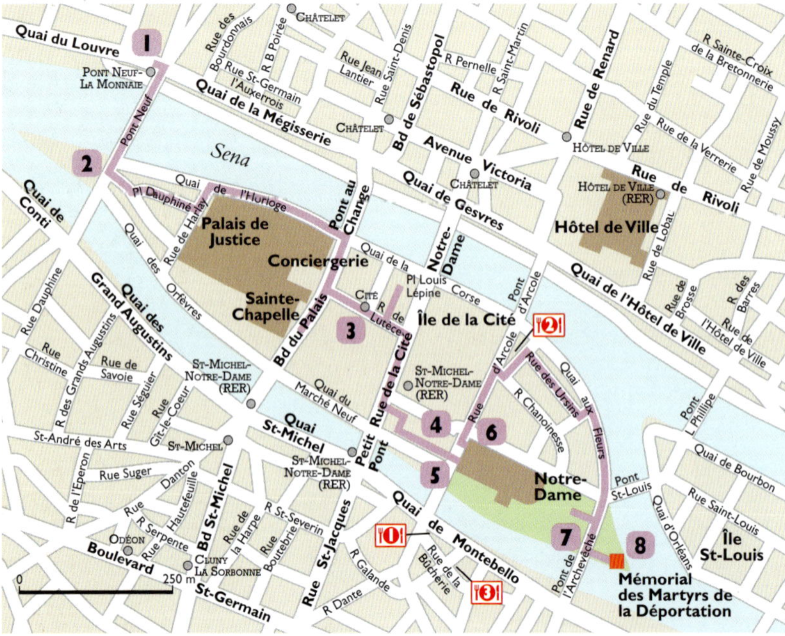

3 Ande pela rue de Lutèce; o colorido mercado de flores fica à esquerda. Vire à direita na rue de la Cité, e depois à esquerda na place du Parvis, em frente a Notre-Dame.

O hospital do século 19, Hôtel Dieu, fica do lado esquerdo da praça (place du Parvis) e seu pátio interno e jardins podem ser visitados. Este edifício substituiu o hospital medieval que era dirigido pela catedral. Na Idade Média abrigava três pessoas por cama – uma doente, outra agonizante e a terceira morta. As instalações originais do hospital ficavam na Pont au Double, que liga a ilha à Margem Esquerda. Embaixo da praça fica a Crypte Archéologique, onde podemos ver ruínas de casas galo-romanas ao longo dos alicerces de edifício antigos, além de uma rua medieval e parte do muralha da cidade de Paris no século 3º.

PÁGINA AO LADO: NOTRE-DAME

GÁRGULA EM NOTRE-DAME

4 Pare e admire a fachada da catedral.

Uma placa de metal sobre uma pedra da calçada em frente à catedral assinala o Marco Zero de Paris. Ela acabou virando uma "Pedra dos Desejos", mas é o ponto a partir do qual as distâncias até outras cidades são medidas. A primeira pedra da catedral foi assentada na parte de trás em 1163, e os construtores terminaram a fachada na década de 1220, tendo gasto quase 60 anos na obra. Notre-Dame quer dizer Nossa Senhora. Ela é mostrada como uma criança com sua mãe, santa Ana, acima do portal direito; a morte da Virgem é representada no portal esquerdo. Acima da entrada principal as esculturas simbolizam o Dia do Juízo Final, com são Miguel pesando as almas e um demônio conduzindo os condenados para os portões do inferno. A curiosa figura sobre um medalhão redondo ao pé de Cristo na coluna central é uma alegoria da Alquimia; a escada de nove degraus simboliza o caminho para o conhecimento secreto. A fileira de 27 imensas figuras abaixo da rosácea mostra os reis bíblicos, ancestrais de Cristo. Estas estátuas são cópias, porque as originais foram destruídas durante a Revolução, equivocadamente interpretadas como sendo de reis franceses. O sino de Emanuel está na torre esquerda, mas não é tocado desde a Liberação de Paris, já que sua vibração causa danos estruturais.

5 Entre em Notre-Dame pelo portal direito.

Ao entrar, você fica bem embaixo da torre do campanário. Olhe para cima, para a abóbada, e verá o alçapão por onde os sinos foram içados. Os dois pilares que suportam o peso das torres são enormes. A própria catedral é imensa e pode acomodar até 9 mil pessoas. Os únicos vitrais originais do século 13 podem ser vistos nas três rosáceas. A rosácea da fachada é parcialmente obscurecida pelo órgão, o maior da França, com 7.500 tubos, 110 registros e cinco teclados. Na parte de trás, à direita, fica o Tesouro, que contém a suposta Coroa de Espinhos de Cristo. No final, numa capela lateral, fica uma série de maquetes que explica como os construtores medievais ergueram a catedral. O painel esculpido do século 14 em volta do altar mostra histórias bíblicas fáceis de identificar. A *pietà* de mármore branco no altar principal fica entre as estátuas de Luís XIII e seu filho Luís XIV.

NOTRE-DAME; DIARIAM 8h00-18h45; TEL: 01 42 34 56 10 www.monum.fr

6 Saia da igreja pelo portal norte e vire à direita pela rue d'Arcole, depois à direita na rue Chanoinesse. Entre na primeira à esquerda, a pitoresca rue de la Colombe, e depois vire à direita na rue des Ursins. Suba os degraus à sua esquerda até o Quai aux Fleurs e ande pelo cais até chegar à praça Jean XXIII, atrás da Notre-Dame.

A vista a partir do jardim é magnífica. Pare para admirar o Sena, a agulha da catedral e seus arcobotantes. Estes elementos permitiram aos construtores alcançar grandes alturas, porque suportam o peso do teto de pedra em abóbada. As paredes puderam ser perfuradas com grandes aberturas contendo vitrais, pois não eram mais tão necessárias como apoio. Antes da descoberta desta técnica, no século 13, não era possível abrir grandes janelas. Os arcobotantes têm calhas na parte externa, que canalizam a água da chuva até a boca das gárgulas, famosas a partir do romance de Victor Hugo, *O corcunda de Notre-Dame,* e do filme nele baseado, com Charles Laughton no papel do corcunda Quasímodo. Este romance apareceu numa época em que a arquitetura gótica não era popular. A partir do seu sucesso, foi iniciada a restauração da catedral.

7 Atravesse o Quai de l'Archevêché para sair do jardim. Entre na praça da l'Île de France na parte leste da ilha. Desça os degraus até o Mémorial des Martyrs de la Déportation.

Este memorial subterrâneo é dedicado às 200 mil pessoas deportadas da França pelos nazistas durante a Segunda Guerra Mundial, que mais tarde morreram em campos de concentração. Há um corredor forrado por 200 mil contas de vidro, uma para cada pessoa. O túmulo de mármore preto em primeiro plano é de um deportado anônimo, e simboliza todos eles. De ambos os lados do memorial há câmaras de concreto que recriam as celas dos campos de concentração. Uma Chama Eterna fica sempre ardendo. A inscrição diz "Perdoe – mas não esqueça".

8 Termine o passeio aqui ou emende-o com o Passeio 9, cruzando a Pont St-Louis até a Île St-Louis. A estação de metrô mais próxima, Hôtel de Ville, fica do lado oposto da Pont d'Arcole.

PASSEIO 2

Pirâmides e palácios

Durante séculos sede da corte francesa, o Musée du Louvre domina este bairro, que oferece ainda uma série de atrações menos conhecidas.

O Louvre foi construído no século 12, mas épocas subsequentes acrescentaram alas ou as modificaram, o que resultou num palácio de 12,8km de corredores. A última grande mudança ocorreu nos anos finais da presidência de Mitterrand, quando o arquiteto I. M. Pei recebeu a encomenda de construir a impressionante pirâmide de vidro e converter o lado norte do edifício, ocupado pelo antigo Ministério das Finanças, em novas galerias do museu. A pirâmide valeu ao presidente Mitterrand o apelido de "Esfinge". Após vários anos de obras, a pirâmide foi concluída em 1989, no bicentenário da Revolução Francesa. A Ala Richelieu foi inaugurada em 1994, celebrando os 200 anos do museu. As coleções reais foram abertas ao público no final da Revolução, em 1794. Perto do Louvre fica o Palais Royal, que já foi a residência do cardeal Richelieu. O edifício é hoje ocupado pela Comédie-Française e pelo Ministério da Cultura. Este trajeto irá levá-lo também até um tranquilo jardim, onde você poderá programar um piquenique. As arcadas no final são ótimas para compras.

1 Ao sair do metrô Pyramides, aprecie a vista da avenue de l'Opéra e desça a rue des Pyramides. Passe pela frente do Escritório de Turismo de Paris, no nº 25, vire à direita na rue St-Honoré e entre na igreja de St-Roch, à sua direita.

Construída nos séculos 17 e 18, esta bela igreja é dedicada ao padroeiro das vítimas da peste. Ele é sempre mostrado apontando para uma ferida na perna, e acompanhado por um cão. Vá direto até a parte de trás da igreja e verá uma bela escultura de Maria e José, olhando surpresos e maravilhados para o menino Jesus.

2 Saindo da igreja, vire à esquerda e volte à rue des Pyramides. Vire a direita e pare na estátua dourada de Joana d'Arc a cavalo, criada pelo escultor Frémiet (1824-1910).

Santa Joana foi ferida aqui em 1426, tentando tomar Paris dos ingleses durante a Guerra dos Cem Anos. As muralhas da cidade ficavam perto daqui na época.

3 Vire à direita na rue de Rivoli, atravesse a rua na faixa de pedestres e entre no Jardin des Tuileries. Atravesse no eixo central a fim de admirar a vista do obelisco e do Arco do Triunfo à distância.

O Jardin de Tuileries foi projetado em 1664 por Le Nôtre, jardineiro de Luís XIV. Composto por gramados muito bem aparados, canteiros de flores e uma espetacular estatuária, ele se estende desde o Louvre até a Place de la Concorde, e é um bom local para descanso, relativamente afastado das ruas de trânsito congestionado. Dizem que o jardim é assombrado à noite pelo espectro ensanguentado de uma das vítimas de Catarina de Médicis (os Médicis já moraram no Palais de Tuileries).

4 Dê a volta e ande na direção oposta, passando pelas grandes estátuas de bronze de Maillol (1861-1944), e continue até a place du Carrousel.

O arco foi encomendado por Napoleão como portal para o seu palácio, que ficava aqui, defronte ao Jardin des Tuileries. Ele depois quis um arco maior, que acabaria finalmente sendo o Arco do Triunfo. Quando o Palais de Tuileries sofreu

ONDE COMER

1 A PRIORI THÉ
Galerie Vivienne, 35-37
Tel: 01 42 97 48 75
Lindo salão de chá, bons lanches.

2 LE NEMOURS
Galerie Nemours, 2
Tel: 01 42 61 34 14
Para almoços leves ao ar livre sob as arcadas.

3 BAR RESTAURANT LES VARIÉTÉS
Passage des Panoramas, 12
Tel: 01 42 36 98 09
Charmoso bistrô antigo.

DISTÂNCIA 4km

DURAÇÃO 3 horas

INÍCIO Estação de metrô Pyramides

TÉRMINO Estação de metrô Bourse

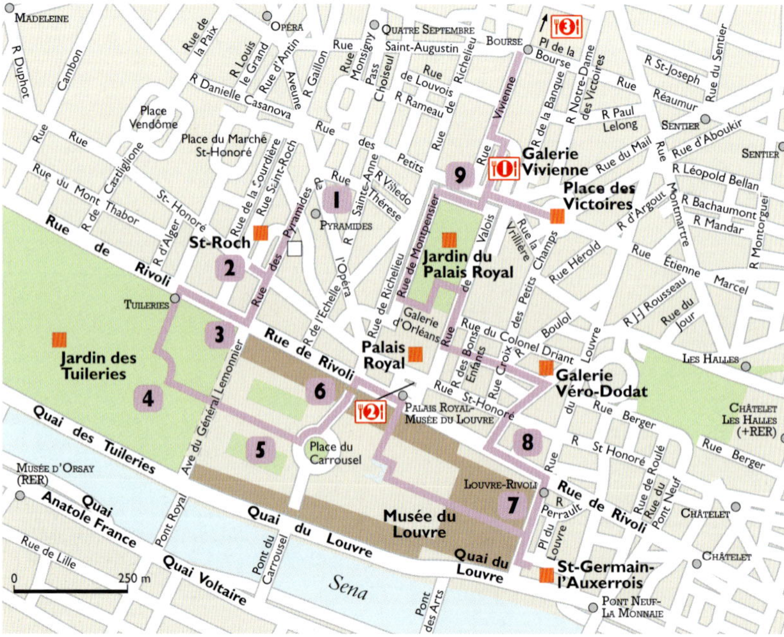

incêndio, em 1871, os dois arcos puderam ser vistos juntos pela primeira vez, pois o palácio não mais obstruía a vista. No alto do Arc du Carrousel, Napoleão pôs os quatro cavalos da praça de São Marcos, de Veneza, que ele havia confiscado. Eles foram substituídos por cópias quando os venezianos reclamaram sua devolução.

5 De frente para a pirâmide, desça os degraus à direita do arco, pegando o acesso subterrâneo para o Louvre. Se quiser visitar o museu, use esta entrada. No final da escada fica a muralha da cidade antiga.

À sua frente fica a pirâmide de vidro invertida e a pedra vertical um, famosa como local de descanso do Santo Graal no romance de Dan Brown, *O código Da Vinci*. Há várias lojas aqui, banheiros, uma praça de alimentação e um escritório de turismo. Se não quiser visitar o museu, mas apenas ver a pirâmide de vidro por dentro, passe pela segurança e siga em frente. Você pode tomar um café sob

PÁGINA AO LADO: JARDIN DES TUILERIES

a pirâmide. A vista é linda de dentro, quando você olha através da pirâmide para a elaborada arquitetura do Louvre. Segundo Dan Brown, ela é formada por 666 painéis de vidro – número que simboliza o demônio.

LOUVRE; SEG, QUI, SÁB-DOM 9h-18h, QUA E SEX 9h-22h. 1º DOM DO MÊS, GRATUITO www.louvre.fr

6 Da pirâmide invertida, saia do centro comercial e suba a escada para a saída, vire à direita na rue de Rivoli e continue até a entrada à direita que atravessa a pirâmide. Ao andar por ela, olhe para o Musée du Louvre pelas paredes de vidro à esquerda. Dê a volta na pirâmide pela esquerda, passando pelas estacas de metal, no chão, que marcam a Linha Rosa do *Código Da Vinci*. Entre no grande pátio à esquerda.

O Louvre já foi o palácio dos reis da França, e vários governantes construíram diferentes alas ao longo do tempo. Olhe para os lados do pátio e identifique os reis e rainhas por suas iniciais. O H refere-se a Henrique II, entrelaçado com o C de sua esposa Catarina, o L é de Luís XIII, entrelaçado com o A de sua mulher, Ana da Áustria, e LB se refere a Louis de Bourbon. Um galo, símbolo da França, fica no frontão, acima de um dos arcos da saída. Ande até o meio da praça e olhe para a direita através do arco: você poderá apreciar uma linda vista do Instituto da França, do outro lado do rio.

7 Saia pela saída oposta ao acesso pelo qual você entrou. À sua frente poderá ver, à esquerda, o edifício da prefeitura do primeiro *arrondissement*; no centro, o campanário com seu famoso carrilhão; também no centro, e à direita, a igreja de St-Germain-l'Auxerrois, construída entre os séculos 13 e 16. Atravesse a rua e entre na igreja.

Antes igreja real, ela era usada pelos reis quando estes residiam no Louvre. Tem um excelente exemplar de retábulo do Renascimento do lado direito, mais para o fundo. Ele ilustra a história de Maria, de sua mãe santa Ana, e várias histórias apócrifas associadas a elas. Observe a cena do nascimento de Maria e note como o artista introduziu detalhes domésticos, como o quarto de dormir, com a lareira e os empregados em seus afazeres. Durante as Guerras Religiosas, o sinal para o terrível massacre da Noite de São Bartolomeu foi dado pelo campanário desta igreja. Naquele dia, em 1572, protestantes desarmados que haviam se reunido para celebrar o casamento do futuro rei Henrique IV com a rainha Margot foram brutalmente assassinados por católicos. O campanário original, de onde soou o sino fatal, fica na parte de trás da igreja.

8 Saia da igreja, parando para olhar as esculturas no portal, e vire à direita para seguir pela rue de Rivoli. Vire à esquerda e passe por uma estátua de Coligny, o líder protestante. O massacre na Noite de São Bartolomeu foi orquestrado para chamar a atenção para uma tentativa de assassinar Coligny. Entre à direita na rue de Marengo, depois à direita na rue Jean-Jacques Rousseau. Vire à esquerda na bonita Véro-Dodat e depois siga em frente até chegar ao Palais Royal.

O palácio foi construído para o cardeal Richelieu, mas também foi ocupado por membros da família real (Luís XIV passou a infância aqui). Hoje é a sede do Ministério da Cultura. As colunas em branco e preto são uma instalação moderna do artista minimalista abstrato Daniel Buren (n. 1938). Elas já geraram controvérsia, mas são agora uma atração popular. Vá até o jardim principal, com sua elegante moldura de arquitetura clássica que é um paraíso no agitado centro da cidade. Tem lugar para sentar, uma área para crianças, uma fonte, estátuas e até canteiros de flores. De cada lado, sob as arcadas, há lojas especializadas (soldadinhos de chumbo, roupas clássicas, caixinhas de música), além de vários cafés e restaurantes.

9 Saia por uma passagem em arco na extremidade oposta do jardim. Atravesse outra passagem, cruze a rue des Petits Champs e olhe à direita para a estátua de Luís XIV a cavalo, no meio da place des Victoires (você pode apreciar esta praça real). Continue por uma elegante arcada (Galerie Vivienne), curta as lojas e, se desejar, pare no salão de chá. Vire à direita ao sair do lado oposto e ande até a estação de metrô Bourse.

GALERIE VIVIENNE

PIRÂMIDE DO LOUVRE E O ARCO DO TRIUNFO

PASSEIO 3

O paradoxo francês

Os mercados cobertos, ou *halls*, tornaram Les Halles famoso. Não há mais mercados, mas este passeio inclui as melhores especialidades francesas.

O nome do bairro, Les Halles, vem dos mercados cobertos que existiram aqui até 1969. Durante cerca de 800 anos, sempre houve uma feira por aqui, até que o governo Pompidou decidiu demolir o velho bairro e transferir o mercado para fora da cidade. Ele era chamado por Zola de "barriga de Paris", e era um ponto de distribuição de produtos frescos, voltado especificamente para o setor de restaurantes e de empresas de alimentação. O mercado ficava aberto até tarde da noite, para que os *chefs* pudessem vir e comprar de tudo, de panelas, frigideiras e uniformes, até ingredientes básicos. O mercado desapareceu, mas a antiga atmosfera sobrevive em algumas de suas ruas, e ainda restaram alguns atacadistas. Você não ouvirá mais os gritos dos vendedores de rua, mas ainda pode comprar uma frigideira grande o suficiente para poder tomar banho dentro. Alguns monumentos curiosos sobreviveram, como a coluna astrológica de Catarina de Médicis, a linda igreja de St-Eustache e a Bourse de Commerce. O paradoxo francês é expresso na pergunta frequente: "Como é que os franceses comem tanta comida e tomam tanto vinho sem engordar?".

1 Comece na estação de metrô Louvre-Rivoli e atravesse a rue de Rivoli até a rue J. Tison. Vire à direita na rue Bailleul, à esquerda na rue de l'Arbre Sec, e pare na esquina, no cruzamento com a rue St-Honoré.

A fonte na esquina foi construída em 1776. O nome da rua, l'Arbre Sec, quer dizer "árvore seca", e se refere à forca que existia aqui; os pequenos quartos acima da torre da fonte foram construídos para que os conselheiros parisienses pudessem ter uma boa visão das execuções. No nº 115 da rue St-Honoré fica uma drogaria do século 18 onde o amante de Maria Antonieta, Axel Fersen, comprava tinta invisível, usada para escrever mensagens secretas para a rainha aprisionada.

ONDE COMER

1 AU PIED DE COCHON
Rue Coquillière, 6
Tel: 01 40 13 37 00
Sopa de cebola/comida de brasserie.

2 GALOPIN
Rue Notre-Dame des Victoires, 40
Tel: 01 42 36 45 38
Cozinha tradicional francesa num incrível ambiente antigo.

3 STOHRER
Rue Montorgeuil, 51
Tel: 01 42 33 38 20
A confeitaria mais antiga de Paris.

2 Siga pela rue Sauval até a rue Berger. Pare e admire a torre em frente, depois ande para a esquerda pela rue Berger, vire à direita na rue du Louvre e entre na Bourse du Commerce.

O grande edifício circular de La Bourse era a Bolsa de Mercadorias do antigo mercado. A peculiar torre era usada como observatório pelo astrólogo Ruggieri, que trabalhou para Catarina de Médicis. Nostradamus havia previsto com precisão a morte do seu marido e Ruggieri previu a morte da rainha. O edifício atual data de 1889. O teto do interior é uma magnífica cúpula, pintada com cenas do comércio do mundo inteiro. A Rússia é representada por navios encalhados na neve e no gelo; a Europa, por um porto antigo idealizado; a Ásia e a África, por suas populações nativas em trajes tradicionais; e a América, pelos seus nativos, com um trem puxado por locomotiva a vapor ao fundo. Ao sair da rotunda central, note o relógio e o barômetro acima da porta, que permitiam aos corretores calcular se os seus navios comerciais iriam chegar em tempo hábil.

BOURSE DE COMMERCE;
SEG-SEX 9h-17h www.euronext.com

3 Saia da Bourse, vire à direita na rue du Louvre, e depois de novo à direita na rue Coquillière.

No nº 18 fica a Dehillerin – atacadista do comércio de alimentos. A equipe daqui fala fluentemente inglês, e você é sempre bem recebido para olhar sem

PÁGINA AO LADO: PATISSERIE STOHRER

DISTÂNCIA 2,5km

DURAÇÃO 2 a 3 horas

INÍCIO Estação de metrô Louvre-Rivoli

TÉRMINO Estação de metrô Grands Boulevards

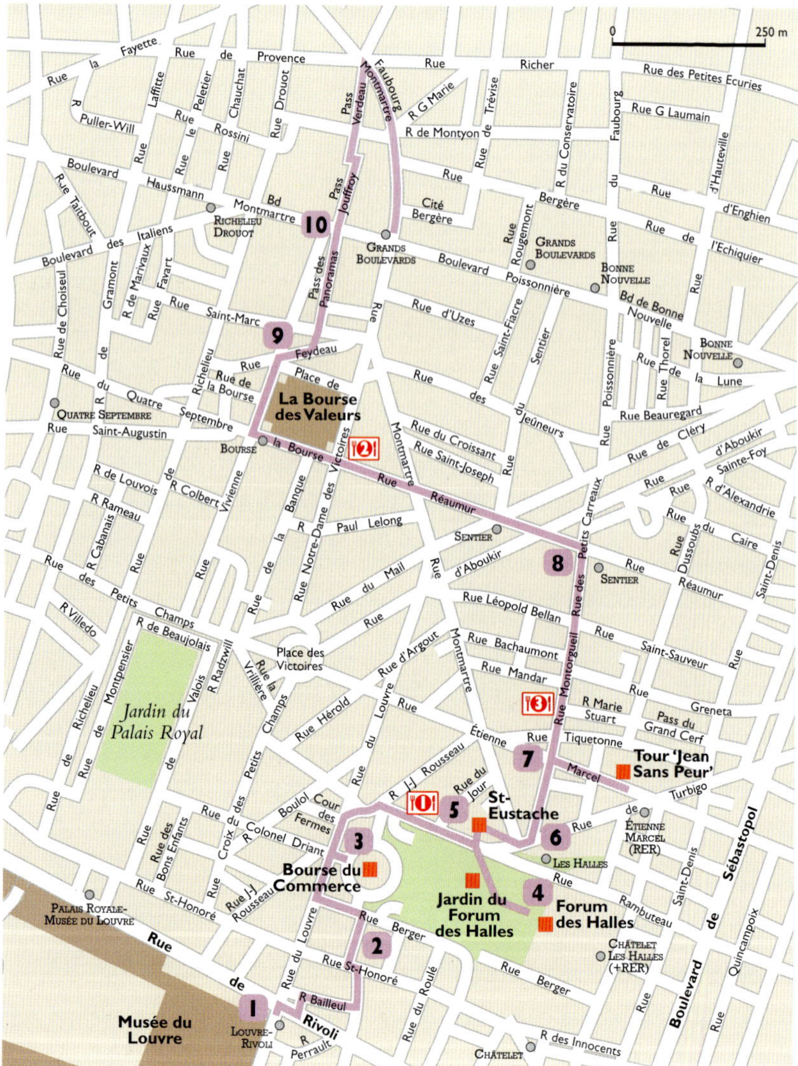

compromisso nesta verdadeira caverna de Aladim de parafernália de cozinha. Entre os tesouros daqui estão os cultuados moedores de pimenta dos irmãos Peugeot – dizem que nenhum outro moedor dura tanto nem mói com tanta perfeição. No nº 6 fica o famoso restaurante Au Pied de Cochon, autorizado a ficar aberto 24 horas por dia, como ficava tempos atrás para oferecer ao exército de carregadores do mercado uma sopa de cebola revigorante e barata. Como o nome sugere, uma de suas especialidades são os pés de porco. Se você não tem muita certeza do que se trata, dê uma olhada de perto nas maçanetas da porta do restaurante.

4 Atravesse os jardins até o Forum des Halles. Ele tem uma plataforma com vista do centro comercial subterrâneo que substituiu o mercado.

As salas originais do mercado, construídas em meados do século 19, eram estruturas leves de ferro e vidro, e serviram de modelo para os mercados cobertos da França inteira. Originalmente, 10 pavilhões, cada um com 250 bancas, cobriam a área do jardim e o centro comercial hoje chamado de Forum. O mercado era uma verdadeira instituição, o coração pulsante de Paris. Quem lembra dele lamenta a perda daquela atmosfera, com vendedores oferecendo produtos aos gritos, bistrôs servindo sopa de cebola e carregadores, prostitutas e outros tipos curiosos circulando. Este clima foi muito bem captado no filme *Irma La Douce,* com Jack Lemmon e Shirley MacLaine.

Os parisienses ficaram chocados ao saber dos planos de Pompidou de reurbanizar a área. O governo garantiu que nada podia ser feito para salvar o mercado, e ele acabou fechando em fevereiro de 1969. Em 1971, os parisienses viram o antigo coração de sua cidade sendo arrancado. Um entro comercial moderno foi inaugurado em 1979 e oferece pouco interesse, exceto pela grande loja da rede FNAC. Suas treliças verdes de jardim são uma tentativa de evocar os antigos pavilhões do mercado original.

5 Saia dos jardins e entre na igreja de St-Eustache.

Esta imensa igreja é uma indicação da riqueza gerada pelo mercado e pela proximidade do antigo Palácio Real, o Louvre. Além das associações com a aristocracia – aqui foram batizados Richelieu, Molière e Madame de Pompadour, e Luís XIV fez sua primeira comunhão –, o local também tem associações musicais – Liszt e Berlioz se apresentaram na igreja, que abrigou também o funeral da mãe de Mozart. Numa pequena capela no lado norte, uma escultura atual do britânico Raymond Mason mostra os donos de bancas recolhendo suas coisas pela última vez.

6 Ande até o final da igreja e pegue a pequena saída do lado direito, cruze a rue Montmartre e vire à esquerda na rue Montorgueil. Passe pelo restaurante de caracóis L'Escargot, vire à direita na rue Étienne Marcel e siga até o nº 20, a Tour "Jean Sans Peur".

Esta torre de nome irônico ("Torre do destemido João") foi construída para um homem que vivia receando pela própria vida. Tendo assassinado um primo, irmão do rei louco, temia a vingança real. Em 1408, ele construiu a torre para poder dormir em segurança, enquanto seus guardas dormiam embaixo. A torre é hoje um museu que abriga exposições temporárias, onde você pode ver latrinas medievais e uma abóbada lindamente esculpida no alto da escada em espiral.

TOUR "JEAN SANS PEUR";
QUA-DOM 13h30-18h; TEL: 01 40 26 20 28
www.tourjeansanspeur.com

7 Volte à rue Montorgueil e vire à direita nela. Ande devagar para curtir o envolvente mercado.

A Stohrer, à esquerda, é a mais antiga confeitaria de Paris, e o Rocher de Cancale é um velho restaurante, que já foi quartel-general de Grimaud de la Reynière (1758-1838), *gourmand*, escritor e primeiro crítico de restaurantes da França.

8 Vire à esquerda na rue Réaumur e depois à direita na rue Vivienne, parando em frente à Bourse des Valeurs.

A Bourse abriu em 1808, na época de Napoleão, e era conhecida como "Templo do Dinheiro". As quatro figuras femininas que guardam as duas entradas simbolizam o Comércio, a Justiça, a Indústria e a Agricultura. Antes da época dos computadores, os negociantes enviavam mensageiros em disparada com ordens de comprar ou vender ações.

9 Suba a rue Vivienne, virando à direita na rue Feydeau e depois imediatamente à esquerda na rue des Panoramas. Atravesse a rue St-Marc e entre na passage des Panoramas.

A entrada parece abandonada, mas leva você até um maravilhoso labirinto de arcadas do século 19. As Panoramas eram teatros, onde cenas *trompe-l'oeil* podiam ser vistas como em 3D, mas logo foram substituídas por cinemas. À esquerda você verá a Stern, uma das butiques mais antigas de Paris, com seu interior original. É um paraíso para colecionadores de documentos, selos, fotos, mapas e cartões antigos. Nas décadas de 1820 e 1830, fazer compras em arcadas cobertas, cheias de lojas especializadas, estava no auge da moda, mas o advento de grandes lojas de departamentos decretou seu fim em meados do século 19.

10 Saia da arcada e atravesse o boulevard Montmartre, entre na Passage Jouffroy e siga pela Passage Verdeau. Vire à direita na rue du Faubourg Montmartre, que leva você até a estação de metrô Grands Boulevards.

Estas duas arcadas de lojas datam da década de 1820. Na entrada da Jouffroy fica o Musée Grévin (de obras em cera), que tem estátuas de pessoas famosas, uma sala de espelhos mágicos, atrações históricas das feiras de comércio mundiais e recriações de cenas da história da França, como a do revolucionário Jean-Paul Marat, apunhalado em sua banheira. O museu tem a banheira original.

ROCHER DE
AU ROCHER DE CANCALE
AU ROCHER DE CANCALE
ROCHER DE
Au Rocher de Cancale

PASSEIO 4

Alquimistas e artistas

O antigo e o moderno andam lado a lado neste bairro, que tem raridades históricas, como a casa mais antiga de Paris, e o Museu de Arte Moderna.

O nome Beaubourg significa "bairro bonito", e era usado com ironia para enfatizar o barulho, a sujeira e o congestionamento que havia em um dos pontos mais agitados da cidade. Victor Hugo, em *Os miseráveis* descreveu o abandono das antigas ruas daqui. A limpeza e a reconstrução no século 19 milagrosamente recuperaram seu labirinto de ruas medievais e monumentos, como a casa mais antiga de Paris e a enigmática Tour St-Jacques. O Centre Pompidou é uma maravilha da arquitetura e vale a pena fazer uma visita às suas coleções de arte. O passeio termina num museu menos conhecido mas fascinante (Musée des Arts et Métiers). É melhor fazer este passeio de dia; a área em volta da place des Innocents é famosa por seus cafés e restaurantes na hora do almoço. Este bairro é animado e essencialmente jovem. É um paraíso de compras para os adolescentes, com estilos variados, como punk, hip hop, surf e rude boy.

1 Comece na estação de metrô Châtelet, no centro da praça.

Olhe além do rio a espetacular vista da Conciergerie (ver Passeio 1). Châtelet significa "castelinho", e se refere à fortaleza erguida em 1130. Ela virou uma prisão, mas foi demolida em 1806 para a criação da atual praça. A coluna central celebra as vitórias de Napoleão. A figura no alto segura os louros que simbolizam a fama e a glória. No lado leste fica o Théâtre de la Ville, que era da grande atriz Sarah Bernhardt na década de 1890. Ela ainda atuava aos 76 anos, apesar de sua perna ter sido amputada. À noite, dormia dentro de um caixão, para se habituar com a ideia da morte.

ONDE COMER

1 LE HANGAR
Impasse Bertaud, 12
Tel: 01 42 74 55 44
Cozinha francesa com imaginação; serviço atencioso.

2 THE GEORGE
6º andar do Centre Pompidou
Tel: 01 44 78 47 99
Elegante e de bom gosto.

3 AUBERGE FLAMEL
Rue de Montmorency, 51
Tel: 01 42 71 77 78
Coma na mais antiga casa de Paris.

2 Suba pelo boulevard de Sébastopol e vire à direita na rue de Rivoli. Entre na place de la Tour St-Jacques.

A torre gótica foi tudo o que restou de uma igreja frequentada pela poderosa corporação dos açougueiros, conhecida como St-Jacques de la Boucherie. O alquimista Nicolas Flamel (c.1330-1418) foi enterrado aqui, embora sua lápide esteja hoje no Museu Cluny. Místicos e médiuns se reúnem aqui; é também um ponto de partida para o Caminho de Santiago de Compostela. Um incêndio fez os sinos desabarem da torre, que hoje está vazia por dentro. Os revolucionários tiraram proveito disso, deixando cair bolas de chumbo derretido do alto da torre até um barril de água localizado embaixo, a fim de produzirem balas. O cientista Pascal fez experimentos barométricos aqui em 1648. Ele também inventou a primeira calculadoa da história, que pode ser vista no museu onde este passeio termina.

3 Atravesse a rue de Rivoli, suba a rue Nicolas Flamel e vire à direita na rue Pernelle (nome da mulher de Flamel). Vire à esquerda na rue St-Bon. Suba os degraus até a rue de la Verrerie, e vire à esquerda e depois à direita na rue St-Martin. Pare em frente à igreja de St-Merri, à direita.

A igreja, em uma das ruas mais antigas de Paris, deriva seu nome de uma ermida do século 7º chamada Médéric. O sino, de 1331, é o mais antigo de Paris. O portal é decorado com animais: procure um sapo, um lagarto e um caracol. No alto da abóbada fica a misteriosa figura de um

PÁGINA AO LADO: GARE DE L'EST

DISTÂNCIA **3km**

DURAÇÃO **2h30min**

INÍCIO **Estação de metrô Châtelet**

TÉRMINO **Estação de metrô Arts et Métiers**

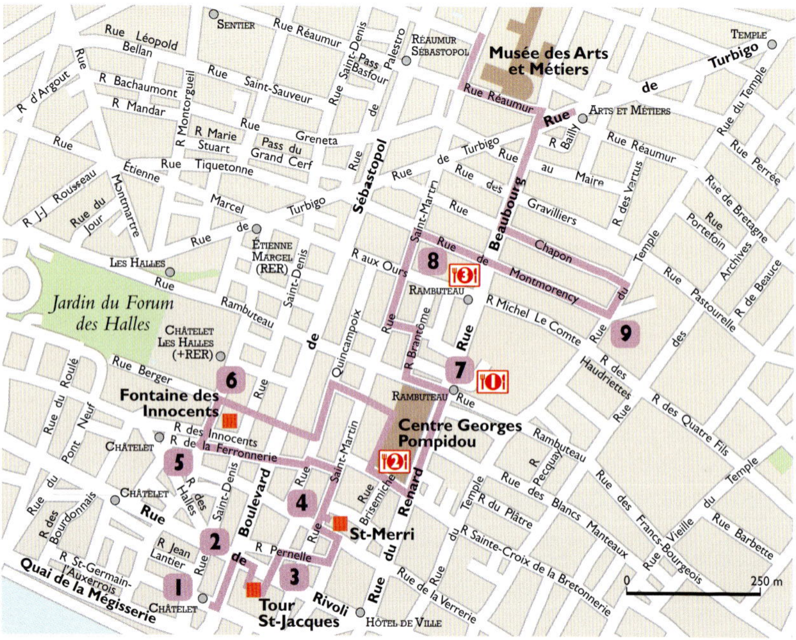

demônio, conhecido como Baphomet. Dizem que os Cavaleiros Templários o adotavam. Ao lado da igreja, nos muros da rue du Cloître St-Merri, gárgulas olham para baixo. A igreja era frequentada por prostitutas e tem uma capela dedicada à sua padroeira, santa Maria do Egito. Em seu romance *Os miseráveis*, Victor Hugo usa a igreja como cenário para a trágica morte do herói adolescente Gavroche.

4 **Saia da igreja e siga pela rue St-Martin até a place E. Michelet. Pegue a rue La Reynie à esquerda, atravesse o boulevard de Sébastopol e siga em frente pela rue de la Ferronnerie, parando no brasão de armas incrustado no pavimento.**

Ao atravessar o bulevar você terá uma boa vista da Margem Direita até a fachada da Gare de l'Est. Este bulevar foi criado em meados do século 19 como uma passagem norte-sul através da cidade. Originalmente era chamado de Grande Transversale, mas foi rebatizado

como Sébastopol após a vitória anglo-francesa de 1854 que pôs fim à Guerra da Crimeia. O brasão de armas no chão marca o ponto onde o popular rei francês Henrique IV foi morto, em 1610. Ele voltava para o Louvre quando sua carruagem parou num congestionamento devido a um acidente. Ele desceu e foi apunhalado por um monge chamado Ravaillac. O rei morreu logo depois, e o monge foi esquartejado vivo em frente ao Hôtel de Ville. Por uma macabra coincidência, o café perto de onde o fato ocorreu era chamado de Café du Coeur Couronné (Coração Coroado); a placa foi recriada, e mostra um coração perfurado por uma seta, embaixo de uma coroa.

5 **Passe pela arcada à direita até chegar à place des Innocents.**

A praça já foi um recinto que continha o principal cemitério de Paris. As arcadas no lado sul da praça (hoje com lojas) são os restos das câmaras mortuárias onde os ossos eram empilhados aos milhares. Foram construídas na década de 1160 a fim de separar a vala comum, onde os corpos ficavam em decomposição, do mercado de alimentos de Les Halles. Em 1786 o cemitério foi fechado e os ossos de cerca de 6 milhões de parisienses foram transferidos para as antigas pedreiras, hoje conhecidas como Les Catacombes (ver Passeio 23). A fonte no centro, um presente do rei à cidade, era onde as prostitutas do bairro se lavavam e tomavam banho.

6 **Saia da praça pelo seu canto nordeste, e pegue a rue Berger. Uma parada na rue St-Denis lhe dará muitas oportunidades para lanches e compras. Volte à rua Berger, atravesse o boulevard Sébastopol e ande pela rue Aubry le Boucher. Vire à esquerda na rue Quincampoix e à direita na rue de Venise, até o Centre Pompidou.**

O controvertido Centre Pompidou foi inaugurado em 1977. Houve um concurso para o seu projeto, que despertou grande excitação entre os arquitetos, e foram entregues 681 projetos. A comissão julgadora gostou deste desde o início. Os arquitetos, Richard Rogers e Renzo Piano, desenharam um edifício que usava o princípio da Notre-Dame e seus arcobotantes. Todos os elementos estruturais ficam no exterior do edifício, liberando o máximo de espaço interno para as galerias. O edifício segue um código de cores definido pelo arquiteto: partes móveis (elevadores e escadas rolantes) em vermelho, circuitos elétricos em amarelo, o verde para as tubulações de água e o azul para as de ar condicionado. O prédio abriga o Musée National d'Art Moderne, que tem um dos maiores acervos de arte moderna do mundo.

CENTRE POMPIDOU;

QUA-SEG 11h-21h; TEL: 01 44 78 12 33

www.centrepompidou.fr

7 Dê a volta no edifício até a rue Rambuteau, no extremo norte, e pegue a pequena passage Brantôme à direita. Na entrada da rue Rambuteau fica a escultura cubista de Zadkine, *Prometeu roubando o fogo dos céus*. Pare na esquina da rue Brantôme com a rue Bernard de Clairvaux, à esquerda.

Na parede fica o engenhoso relógio mecânico que deu nome a este labirinto de passagens, o "Quartier de l'Horloge". Esta estranha escultura ganha vida a cada hora exata, quando o cavaleiro armado, conhecido como o "defensor do tempo", luta com criaturas que simbolizam três dos elementos: um dragão, a terra; um pássaro, o ar; e um caranguejo, para a água. Ao meio-dia, seis da tarde e dez da noite, ele entra em luta com as três criaturas ao mesmo tempo.

8 Continue pela rue Bernard de Clairvaux até a rue St-Martin. Vire à direita e continue até a rue de Montmorency, parando no nº 51.

Este albergue pertenceu a Nicolas Flamel, conhecido por milhões como herói do livro *Harry Potter e a pedra filosofal*. Flamel, nascido em 1330, era um homem muito instruído. Trabalhou como escrivão e na compra e venda de manuscritos antigos. Ficou muito rico, e era tido como um alquimista de sucesso, que havia descoberto a pedra filosofal. Acreditava-se que esta pedra permitia transformar metais comuns em ouro e que dava a imortalidade a seu proprietário, embora os experimentos realizados para chegar até ela tenham levado muita gente a uma morte prematura. Alquimista ou não, Flamel era um homem generoso, e ergueu o edifício que vemos como um asilo para pobres. É a casa mais antiga de Paris, datando de cerca de 1400.

9 Siga até a rue du Temple, vire à esquerda e a primeira à esquerda na rue Chapon. Entre à direita na rue Beaubourg. Encerre o passeio no metrô Arts et Métiers ou visite o museu daqui.

Este fascinante museu é dedicado à ciência, à engenharia e ao universo técnico. Entre as peças expostas estão o pêndulo de Foucault e a boneca que tocava saltério, de Maria Antonieta.

ACCES
INTERDIT

FORUM DES HALLES

PASSEIO 5

Cavaleiros e mansões

O norte do bairro do Marais é famoso pelas belas igrejas e magníficas casas, mas mostra também vestígios de sua história medieval neste passeio.

O Marais ficava antes sob a planície inundada do Sena, e seu nome significa "pântano". Os primeiros a se instalar aqui foram grupos de cristãos, que construíram santuários, abadias e conventos, e plantavam as próprias frutas e hortaliças. O bairro residencial se desenvolveu no século 14, quando a área foi protegida pela imensa muralha da cidade e as terras ficaram secas, depois de terem sido drenadas. A muralha da cidade, erguida na década de 1380, terminava na fortaleza da Bastille; o Marais é o bairro situado entre ela e a muralha anterior da cidade, do século 12. A partir do Renascimento, um novo tipo de residência aritstocrática ficou na moda. As famílias ricas compraram terra aqui e muraram cada lote, deixando uma entrada suficiente para a passagem de um cavalo e uma carruagem. Depois da entrada havia um pátio com espaço para a carruagem manobrar, a casa e, atrás dela, o jardim. A moda era morar num espaço protegido entre um pátio e um jardim, longe da sujeira e da confusão das ruas de Paris. Estas novas casas eram chamadas de *hôtels particuliers* ("residências particulares"). Muitas sobreviveram e são agora museus. Há dois fascinantes trajetos neste bairro: os passeios 5 e 6, que você pode emendar saindo do metrô St-Paul.

1 Saia do metrô St-Paul e siga pela rue St-Antoine, virando à esquerda na rue de Sévigné. Entre na primeira à direita, a rue d'Ormesson, e pare na linda place du Marché Ste.-Catherine.

Embora não haja mais um mercado aqui, a praça é cercada por elegantes restaurantes e cafés, como o incomum Double Fond, que quer dizer Fundo Falso, um café gerido por mágicos, que se apresentam no local.

2 Atravesse a praça e saia pela rue Caron, virando à direita na rue de Jarente e à esquerda na rue de Turenne. Entre à direita na rue des Francs-Bourgeois e siga até a place des Vosges.

Ande pelos quatro lados da praça sob as majestosas arcadas, e depois passeie pelo jardim central, para ter uma boa visão das esplêndidas casas em volta dele. A praça foi construída em 1600-1608, como um retiro de campo para o rei Henrique IV e sua corte. Há nove casas de cada lado da praça, e as duas mais altas são o Pavilhão do Rei, no lado sul, e o Pavilhão da Rainha, no lado norte. Moraram aqui Mme.de Sévigné (1626-1696), o cardeal Richelieu, primeiro-ministro da França, e Victor Hugo, no fim da vida. A casa do nº 6 é hoje o Museu Victor Hugo, gratuito. Há uma desajeitada estátua de Luís XIII no meio da praça.

3 Saia da praça voltando pelo caminho por onde veio, andando pela rue des Francs-Bourgeois até a rue de Sévigné. Vire à direita e imediatamente à sua esquerda você verá o Musée Carnavalet.

ONDE COMER

1 LE DÔME DU MARAIS
Rue des Francs-Bourgeois, 53 bis;
Tel: 01 42 74 54 17
Decoração única, da década de 1920.

2 MA BOURGOGNE
Place des Vosges, 19
Tel: 01 42 78 44 64
Cozinha francesa servida ao ar livre.

3 L'AS DU FALLAFEL
Rue des Rosiers, 34
Tel: 01 48 87 63 60
Especialidades judaicas, para comer aqui ou para viagem.

Esta esplêndida residência renascentista já foi a casa da espirituosa escritora de cartas Mme de Sévigné, que registrou de modo expressivo os escândalos, fofocas e os eventos de sua época. No pátio há uma esplêndida estátua de bronze de Luís XIV, cuja corte ela frequentou. Há uma boa livraria aqui, especializada na história de Paris. O vasto museu tem interiores completos, resgatados de casas históricas demolidas durante a reurbanização de meados do século 19. As coleções mostram peças que abrangem desde a Paris pré-histórica até o Segundo Império de Napoleão III.

MUSÉE CARNAVALET;
TER-DOM 10h-18h GRATUITO; TEL: 01 44 59 58 58 www.paris.fr/musees/musee_carnavalet

PÁGINA AO LADO: MUSÉE CARNAVALET

DISTÂNCIA 3km

DURAÇÃO 2h30min

INÍCIO Estação de metrô St-Paul

TÉRMINO Estação de metrô Temple

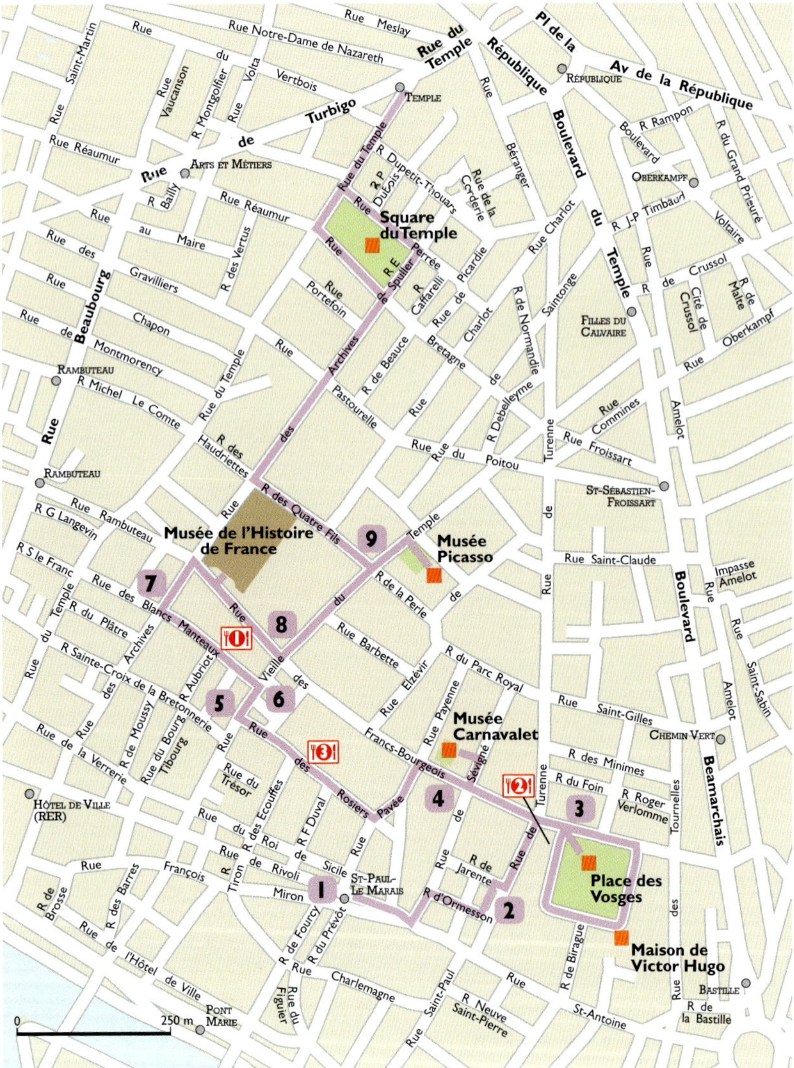

4 Volte à rue des Francs-Bourgeois e vire à direita junto ao museu, olhando os lindos jardins do pátio. Pegue a rue Pavée (primeira à esquerda) e a rue des Rosiers, a primeira à direita.

Esta linda rua antiga ficava na entrada da muralha da cidade de 1180. Como não se podiam construir edifícios junto à muralha, o espaço interno foi plantado com roseirais, daí seu belo nome. É a principal rua do bairro judeu de Paris, o Pletzel, que significa "pequena praça". Há várias sinagogas na área, e a rua é cheia de restaurantes kosher, com deliciosas especialidades, inclusive para viagem, como o faláfel vegetariano e o pão sem fermento. A maioria fecha aos sábados.

5 Siga pela rue des Rosiers e pare na esquina da rue Vieille du Temple. Aqui, dê um tempo para apreciar no nº 47 o Hôtel Amelot de Bisseuil.

Beaumarchais (1732-1799) escreveu *As bodas de Fígaro* enquanto morava nesta mansão do Marais. Com pouco dinheiro, mas muitas ideias inteligentes, ele montou um negócio que usava como fachada para vender armas para a América durante a Guerra da Independência. Seu talento natural como espião deve tê-lo ajudado a armar os espertos ardis de seu herói Fígaro. As belíssimas portas são esculpidas com cabeças de Górgonas.

6 Vire à direita na rue Vieille du Temple e depois à esquerda na rue des Blancs Manteaux. Pare no imponente Mont de Pieté.

PADARIA JUDAICA NA RUE DES ROSIERS

Na verdade uma casa de penhores do Estado, a instituição que ocupava este edifício foi ideia de Luís XVI antes da Revolução. As pessoas traziam bens, que eram avaliados e retidos, e saíam com dinheiro emprestado. Foi um grande sucesso, e em seu primeiro ano a casa emprestou 18 milhões de francos em somas individuais de dois a três francos. Ela funciona até hoje, e faz cerca de 500 empréstimos por dia. As pessoas em geral penhoram por um ou dois meses, mas o recorde é um guarda-chuva que ficou aqui retido 48 anos. Podiam-se penhorar colchões, e ainda há uma máquina para esterilizá-los no museu daqui.

7 Continue pela rua e entre à direita na rue des Archives, depois pegue a primeira à direita na Francs-Bourgeois de novo, parando no pátio dos Archives Nationales, no nº 60.

Esta mansão palaciana é a mais linda do Marais. Foi construída para uma família nobre que ficara sem recursos. A mulher da casa, princesa de Soubise, queria fazer o melhor pela família, por isso incentivou o marido a ficar nesta propriedade rural enquanto ela tinha um caso com Luís XIV. Ela teve 11 filhos, e todos comentavam como o quinto se parecia com o rei! A linda princesa ruiva mais tarde perdeu um dente, e o rei se desinterressou por ela, mas antes que isto acontecesse ela já havia conseguido esta incrível casa para a sua família, construída com o dinheiro do rei. O edifício abriga hoje os arquivos históricos da França, e fica aberto, como um museu. Em frente à entrada principal, num pátio pertencente ao Mont de Pieté, pode-se ver o alto de uma torre, sobrevivente da muralha da cidade do século 14.

LES ARCHIVES NATIONALES;

QUA-SEG 14h-17h30; TEL: 01 40 27 60 96

8 Continue pela mesma rua, e pegue a primeira à esquerda, a rue Vieille du Temple. Atravesse a rue de la Perle e siga em frente. O jardim residencial à sua direita é o do Hôtel Salé, hoje ocupado pelo Musée Picasso.

Construído para um coletor de impostos que administrava o imposto do sal para Luís XIV, esta majestosa mansão era a maior do Marais até a construção do Palácio Soubise (acima). O rei, com ciúme da ostentação de riqueza de seus banqueiros, desonrou-os publicamente e confiscou suas fortunas. Este foi o destino de Aubert de Fontenay, que morou aqui por pouco tempo, mas morreu pobre em local próximo daqui. O edifício foi comprado pela cidade de Paris logo após a morte de Picasso. O estado herdara uma imensa coleção de obras de Picasso como pagamento de imposto sobre herança, e decidiu-se criar um museu aqui, dedicado à memória do grande artista.

MUSÉE PICASSO;

QUA-SEG 9h30-18h; TEL: 01 42 71 25 21

9 Volte à rue de la Perle e vire à direita na rue des Quatre Fils. Vire à direita na rue des Archives e siga em frente até a place du Temple.

Hoje, tudo o que resta do castelo medieval da sagrada Ordem dos Cavaleiros Templários é esta tranquila praça e o mercado coberto, cercado de ruas medievais. O castelo foi destruído após a Revolução, durante a qual serviu como prisão. Maria Antonieta e seu filho Luís XVII ficaram detidos aqui. A ordem dos Templários foi fundada em 1118, com a missão declarada de proteger os pereginos em visita à Terra Santa, mas logo se tornou rica e poderosa demais, na visão do rei. Numa operação secreta, os Templários de cerca de 3 mil diferentes localidades foram presos, na aurora de uma sexta-feira 13, de 1307. No Comissariado de Paris, ficaram aprisionados 138 templários, inclusive seu grão-mestre, Jacques de Molay. Ele foi queimado vivo, e ao morrer pronunciou sua famosa maldição para que o castigo recaísse sobre aqueles que o haviam condenado injustamente. A estação de metrô mais próxima é a Temple.

Bourgogne
Dégustez
NOS
GLACES
SORBETS
Berthillon
LES CARTES DE PAIEMENT NE SONT PAS ACCEPTÉES
BISTRO

PASSEIO 6

Santos e pecadores

O belo sul do Marais é cheio de surpresas arquitetônicas, que revelam a história de alguns dos personagens mais famosos e mal-afamados de Paris. Na década de 1380, Carlos V ergueu um esplêndido palácio aqui, chamado St. Pol. Quando o rei se instalou nele, aristocratas ricos logo compraram terra nos arredores para erguer suas mansões. O palácio acabou virando uma mistura dessas mansões, compradas aos poucos pelo rei, e criaram-se exóticos jardins entre elas, por onde ele podia passear em segurança. Os parisienses haviam invadido o velho Palais de la Cité num levante, em 1358. Para o caso de isso acontecer de novo, o novo Palácio de St. Pol era ligado à Bastille por uma passagem secreta, e o rio Sena oferecia também uma rota de fuga real por barco. Este bairro residencial prosperou até o reinado do Rei Sol, Luís XIV. Quando este se mudou para Versalhes, em 1683, foi seguido pela corte, que ergueu novas mansões, e o velho bairro do Marais foi abandonado. Mais tarde, os parisienses compreenderam a importância da herança arquitetônica do Marais, e desde a década de 1960 a cidade começou a restaurar muitos desses belos edifícios.

1 **Comece na estação de metrô Hôtel de Ville, em frente ao próprio edifíco, que é a sede da prefeitura da cidade.**

Este imponente edifício é um lembrete de que esta praça já foi o coração de Paris. A parte sul do rio Sena é larga e profunda, e cria um porto abrigado entre a Île de la Cité e a Margem Direita. Na época medieval, barcos transportando mercadorias pelos 800km de extensão do Sena ancoravam aqui e descarregavam bens comerciáveis. Esta praça virou o mercado central de Paris. O Hôtel de Ville foi construído pela cidade para seu mercador-chefe, que era também o coletor de impostos. Os revolucionários incendiaram o edifício original em 1871, e o atual é uma reconstrução do fim do século 19, apelidada de "bolo de noiva". Vinte e duas colossais estátuas de cobre no telhado simbolizam as regiões da França; as figuras de um homem e uma mulher reclinados ladeando a doca central simbolizam os rios Sena e Marne, que confluem no limite leste da cidade.

2 **Cruze a rue de Rivoli, e desça a rue du Temple junto à loja de departamentos BHV. Vire primeiro à direita na rue de la Verrerie, e depois à esquerda na rue des Archives. A entrada para Les Billettes fica no nº 22-24.**

O envolvente claustro, de 1427, é usado para exposições de arte e artesanato, e é o único que sobreviveu inteiro em Paris. A estranha história deste edifício diz que a terra era de um agiota chamado Jonathas.

Ele teria profanado uma óstia sagrada furando-a com uma faca. A óstia sangrou, e então ele a ferveu, mas a água ficou vermelha com o sangue. Quando isso veio a público, ele foi condenado à morte e queimado vivo. A igreja foi erguida aqui para celebrar o milagre.

3 **Saia de Billettes, volte pela rue des Archives, atravesse de novo a rue de Rivoli e siga pela rue de Lobau. Vire à esquerda na place St-Gervais e pare para admirar a praça e a fachada da igreja antes de entrar nela.**

No meio da praça há um olmo, embaixo do qual os juízes locais se reuniam para ministrar justiça e resolver questões entre membros da congregação depois da missa. A maior parte da igreja é do século 17; sua fachada clássica foi a primeira de Paris. Estátuas dos dois santos aos quais a

RELÓGIO EM FRENTE AO HÔTEL DE VILLE

PÁGINA AO LADO: HÔTEL DE VILLE (PREFEITURA)

DISTÂNCIA **2km**

DURAÇÃO **2 horas**

INÍCIO **Estação de metrô Hôtel de Ville**

TÉRMINO **Estação de metrô St-Paul**

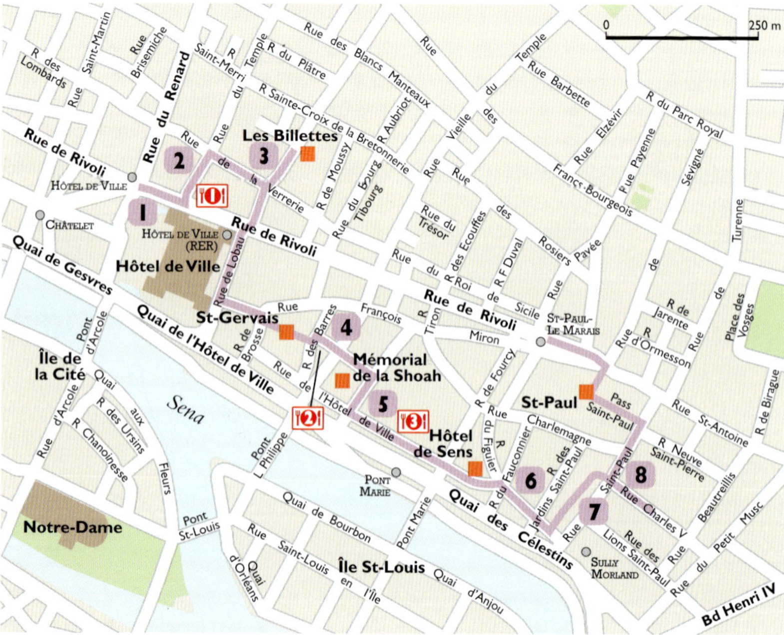

igreja é dedicada decoram os nichos. Estes santos, são Gervásio e são Protásio, eram irmãos gêmeos que se converteram ao cristianismo, e por isso foram martirizados no século 1º pelo imperador romano Nero. Dentro da igreja, na terceira capela lateral do lado sul, um moderno vitral retratando um raio de sol homenageia as 90 pessoas que foram mortas aqui durante a Primeira Guerra Mundial, atingidas por mísseis disparados pelo "Grande Bertha", um poderoso obus alemão. Na parte de trás da igreja há alguns maravilhosos vitrais modernos da artista Sylvie Godin. Ela morreu aos 42 anos de idade, logo após ter concluído esta obra, seu último e mais espetacular projeto. No coro há alguns bancos esculpidos com expressivas cenas do cotidiano – procure localizar o açougueiro medieval assando carne num espeto, o sapateiro em sua oficina com uma fileira de tamancos dependurados atrás dele, o casal tomando banho e uma criança reclinada sobre um crânio, simbolizando a filosofia.

PÁGINA AO LADO: IGREJA DE ST-GERVAIS ET ST-PROTAIS

4 **Saia da igreja pelos fundos, à esquerda da nave central. Vire à esquerda e na primeira à direita, na rue du Grenier sur l'Eau. Atravesse a rue du Pont Louis Philippe e vá até o Mémorial de la Shoah (Memorial Judeu), à direita.**

Existe comunidade judaica em Paris desde a época romana. Na Idade Média, os judeus se instalaram no bairro do Marais, e por isto o memorial em homenagem às atrocidades cometidas contra os judeus na Segunda Guerra Mundial fica aqui. Na escola à esquerda uma placa atribui aos colaboracionistas franceses a responsabilidade pelas capturas e assassinatos. A longa placa de bronze é chamada de Mur des Justes ("Muro dos Justos"). Ela lista as pessoas que ajudaram os judeus durante os anos da ocupação alemã.

5 **Vire à direita na rue Geoffroy l'Asnier, depois à esquerda na rue de l'Hôtel de Ville. Atravesse a rue des Nonnains d'Hyères e continue até a place de l'Avé-Maria. Olhe para trás e terá uma linda visão do Hôtel de Sens.**

O Hôtel de Sens é um dos poucos sobreviventes da arquitetura gótica doméstica de Paris. Construído no final do século 15, ele foi de início o *pied-à-terre* parisiense do arcebispo de Sens. O edifício tem torres de vigia medievais, gárgulas e, no ponto da passagem em arco acima da entrada principal, uma abertura triangular, que era usada para fazer despencar um aríete vertical. Ainda há uma bola de canhão alojada no canto superior esquerdo do beiral do telhado.

6 **Continue pela rue de l'Avé Maria; o muro no playground à sua esquerda é parte da muralha da cidade do século 12. Continue adiante e vire à esquerda na Village St-Paul.**

Este labirinto de pátios e passagens em arco já fez parte do Hôtel St.-Pol, construído por Carlos V. Não resta nada do palácio original, mas os pátios são muito evocativos da cidade antiga. Atualmente, a área consiste em galerias de arte e lojas de antiguidades; é uma área ótima para ver vitrines de lojas, mas é raro encontrar boas ofertas.

7 Cruze o pátio central e siga pelo pátio menor. Suba as escadas à sua direita e atravesse a passagem com casas de alvenaria e estrutura de madeira até o terceiro pátio. Pegue as arcadas à sua direita até a rue St-Paul. Cruze a rua aqui, entre na rue Charles V e ande até o nº 12, à esquerda.

A execrável marquesa de Brinvilliers morava nesta mansão do Marais, com este bonito acesso para carruagens. Com a ajuda de seu amante, Godon de Ste. Croix, ela envenenou seu rico pai, o marido, dois irmãos e a irmã, que era freira. Naquela época, os venenos eram apelidados de "pós da herança". Quando seu amante foi encontrado morto, em 1672, a polícia encontrou recipientes para venenos na casa dele, e provas irrefutáveis da culpabilidade da marquesa. Ela foi descoberta num convento, trazida para Paris e julgada. Considerada culpada, foi decapitada, e seu corpo sem cabeça, queimado. A brilhante escritora Mme de Sévigné acompanhou o caso com interesse e escreveu: "Agora acabou, Brinvilliers está no ar por toda parte, seu pobre pequeno corpo foi lançado após a execução numa grande fogueira, e as cinzas voam ao vento; somos todos forçados a respirá-las e talvez suas partes voláteis nos façam pegar esta febre contagiante!".

ONDE COMER

1 PAUL
Rue de Rivoli, 70
Boa padaria, onde você pode sentar e comer ou levar para viagem.

2 L'ÉBOUILLANTÉ
Rue des Barres, 8
Tel: 01 42 71 09 69
Especializada em panquecas crocantes, chamadas de "bricks".

3 TROUMILOU
Quai de l'Hôtel de Ville, 84
Tel: 01 42 77 63 98
Bistrô francês no estilo tradicional.

8 Volte até a rue St-Paul, virando à direita. No nº 22 fica a livraria inglesa Red Wheelbarrow. Atravesse para a esquerda, continue e vire à esquerda na passage St-Paul. Saia da passagem na igreja de St-Paul.

A passage St-Paul é uma rua antiga ainda cheia de abitas para proteger edifícios e pedestres dos aros de ferro das rodas das carruagens. A igreja foi bancada por Luís XIII e construída para os jesuítas, que o rei favorecia. A arquitetura barroca decorativa reflete a nova mentalidade da época. As duas imensas escadas em concha de cada lado da saída principal foram presente de Victor Hugo para o casamento de sua filha nesta igreja. Termine seu trajeto aqui ou emende com o Passeio 5. A estação de metrô St-Paul fica logo à esquerda da igreja.

PÁGINA SEGUINTE: HÔTEL DE VILLE

PASSEIO 7

Ruas secundárias da Bastille

Antes da Revolução, a área da Bastille era um *faubourg* (um bairro da periferia de Paris), e suas ruas estreitas ainda têm um sabor do passado. A Bastilha era um grande castelo medieval erguido para defender a Paris de Carlos V. Terminada em 1382, levou 13 anos para ser construída e apenas quatro meses para ser destruída, em 1789. No reinado de Luís XIV, ficou famosa como lugar para onde o rei mandava seus inimigos sem julgamento. As terríveis *Lettres de Cachet* do rei bastavam para que alguém recebesse uma sentença por tempo indefinido; entre os famosos que ficaram aqui estão o Máscara de Ferro, o Marquês de Sade, Voltaire e o célebre Latude, que escapou várias vezes. Os pobres ocupavam masmorras, onde passavam fome ou se afogavam quando o Sena inundava. Luís XI, o rei "Rei Aranha", mantinha os detentos em gaiolas apertadas. Prisioneiros com dinheiro ou com bons contatos podiam viver melhor, trazendo a própria criadagem e promovendo grandes festas. Alguns tinham tantas concessões que uma das torres era chamada de Torre da Liberdade. Evite fazer este passeio aos domingos, quando os pátios estão fechados e o jardim lota de gente. Há aqui uma feira todas as quintas-feiras de manhã.

Da estação de metrô Quai de la Râpée cruze a rua (Pont Morland), desça a escada e ande ao longo do canal e do seu Port de Plaisance.

Esta agradável marina permite ancorar barcos, alguns semipermanentes e outros de visita, que tiveram a sorte de encontrar vaga nesta linda localização. Os belos jardins foram plantados na década de 1980, quando a área foi reurbanizada, e hoje existe um café chamado Grand Bleu, por causa do filme, onde você pode tomar chá ou sorvete enquanto aprecia a visão dos barcos. Os muros antigos do outro lado do canal são parte das fortificações da cidade do século 14. Daqui partem barcos para um agradável passeio subindo o canal St-Martin.

2 Suba pelo lado do canal até alcançar a place de la Bastille.

Daqui você pode ver a nova casa de ópera, a Opéra Bastille, com sua elegante e moderna fachada em vidro curvo. O arquiteto venezuelano-canadense Carlos Ott projetou este edifício na década de 1980. Ele possui 2.700 assentos, alguns a preços bem razoáveis, e todos os lugares têm visibilidade perfeita. Os guichês de reserva ficam do lado direito; às vezes são promovidas visitas guiadas. No meio da praça há uma coluna em memória à Revolução de 1830, a revolução que viu um rei ser posto de volta no trono. Pode-se ler a data no pedestal: julho 27-29. No alto há uma estátua do Espírito da Liberdade segurando correntes partidas. Esta era uma área sempre pronta a

participar de levantes, devido à grande concentração da classe trabalhadora.

3 Atravesse o boulevard Bourdon e o boulevard Henri IV e pare em frente ao Café Français.

Olhe para as pedras do pavimento: elas desenham a forma da prisão da Bastilha, que ficava aqui. A Bastilha era uma fortaleza na parte leste, que protegia a cidade contra invasões. Quando Paris cresceu, a Bastilha não ficava mais na periferia e foi transformada em prisão. Na Revolução de 1789, em 14 de julho, ela foi tomada por uma multidão que procurava pólvora para as armas saqueadas de Les Invalides. Sete prisioneiros foram libertados, a maioria loucos ou assassinos, que ficaram perplexos ao se verem desfilando como heróis. Logo depois o edifício foi demolido e as pedras vendidas como suvenires. Hoje, o dia da Bastilha, 14 de julho, é feriado nacional.

DISTÂNCIA **2,5km – incluindo a opcional promenade Plantée, 4,5km**

DURAÇÃO **2h30min**

INÍCIO **Estação de metrô Quai de la Râpée**

TÉRMINO **Estação de metrô Gare de Lyon**

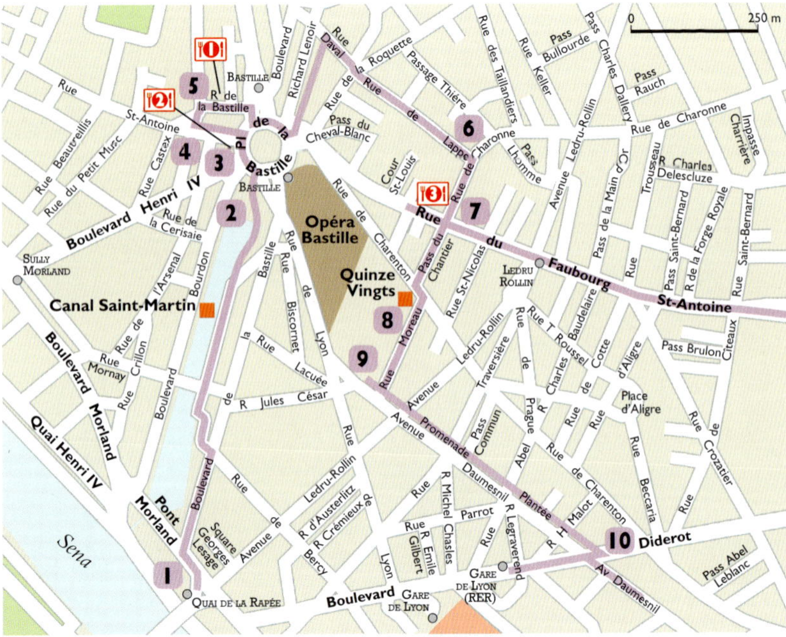

4 Atravesse a rue St-Antoine e vire à esquerda. Ande um quarteirão.

Uma grande estátua de Pierre-Augustin Caron de Beaumarchais (1732-1799) homenageia o empresário e autor de *O barbeiro de Sevilha* e *As bodas de Fígaro*, que morou aqui perto. As obras foram escritas como peças de teatro, mas viraram duas das mais populares óperas de todos os tempos, que são encenadas frequentemente na Opéra Bastille.

5 Vire à direita na rue de la Bastille, passando pelo Restaurant Bofinger no nº 3. Este restaurante tem um incrível interior Art Nouveau e serve comida tradicional francesa de brasserie. Dê a volta na place de la Bastille. Às quintas e domingos de manhã há um grande mercado de hortifrútis no boulevard Richard Lenoir. Vire à esquerda num bonito pátio, Cour Damoye, e ande até o final. Vire à direita na rue de Lappe.

PÁGINA AO LADO: MERCADO DE HORTIFRÚTIS

Bulots Cuits

A Rue de Lappe é bem movimentada à noite, com muitos restaurantes, bares e casas noturnas. Na metade dela fica um salão de baile da década de 1930, o Ballajo, local ainda popular para quem gosta de dançar tango ou rock and roll. A região já foi famosa por seus salões de dança e pela atmosfera de classe operária, que muitos ricos adoravam frequentar. As lojas e restaurantes daqui oferecem especialidades do Auvergne, uma área famosa por suas *galoches* (tamancos de couro de trabalhadores), que muitas vezes vemos dependuradas na janelas. Muitos restaurantes de Paris foram montados por pessoas desta região relativamente pobre, nos séculos 19 e 20.

6 No final da rue de Lappe vire à direita na rue de Charonne. Cruze a rue du Faubourg St-Antoine e ande por ela do lado direito até o nº 46, onde fica o restaurante Barrio Latino.

Este restaurante peculiar, com seu interior espetacular convertido a partir de uma antiga loja de mobília, é um bom lugar para almoçar. À noite fica cheio e é bem mais caro, mas na hora do almoço tem um cardápio fixo de preço razoável. Entre, peça o cardápio do restaurante e aprecie a decoração do interior, mesmo que decida não comer aqui. Volte e entre no atraente pátio do nº 56. Há um segundo pátio atrás, à direita.

7 Volte pela rue du Faubourg St-Antoine e entre na pequena passagem à direita.

A passage du Chantier é cheia de oficinas artesanais de móveis em miniatura. A área está associada ao ramo de fabricação de móveis desde o século 15, quando Luís XI deu às pessoas autorização para abrirem negócios aqui, como uma medida para aliviar a pobreza. Na época,

o bairro ficava fora de Paris. Alguns dos construtores de móveis franceses mais famosos, como Weisweiler e Carlin, que produziram as obras-primas do século 18 para a rainha Maria Antonieta, tinham oficinas aqui. Hoje ela reúne lojas de mobília usada ou barata e oficinas de pequenos artesãos, que fazem peças no estilo tradicional. No entanto, os negócios de estofados e douração sobreviveram nas oficinas das ruas secundárias.

8 Vire à esquerda e depois na primeira à direita, atrás de um hospital com o curioso nome de Quinze Vingts, que quer dizer 15 x 20.

Este nome é uma maneira antiquada de se referir aos "300", um grupo de soldados cegos que ficava num abrigo especial fundado por Luís IX, no século 13. A instituição é hoje um hospital geral especializado em distúrbios da visão. O portal do hospital e os edifícios de pedra na entrada já foram o alojamento dos famosos mosqueteiros no século 18. O hospital moderno substitui os demais edifícios daquela época.

9 Desça pela rue Moreau, vire à direita na avenue Daumesnil e suba a escada até a promenade Plantée.

A atraente passarela elevada, cheia de verde e flores, foi construída para substituir os antigos trilhos de trem, e no local onde fica agora a casa de ópera havia uma estação. Se quiser ir até o final, a passarela irá levá-lo até o Bois de Vincennes, um parque à saída da cidade.

ONDE COMER

1 BOFINGER
Rue de la Bastille, 3
Tel: 01 42 72 87 82
Brasserie Art Nouveau. É bom reservar.

2 CAFÉ FRANÇAIS
Place de la Bastille, 3
Refeições, chá, bebidas, ou lanches e sorvetes para viagem.

3 BARRIO LATINO
Rue du Faubourg St-Antoine, 46/48
Tel: 01 55 78 84 75
Interior espetacular. Bem moderno.

Os trilhos da ferrovia foram erguidos para que os trens pudessem passar por esta região muito povoada. Desde que a área foi reurbanizada, um pessoal que lida com artesanato se reúne embaixo da passarela.

10 Saia da passarela no cruzamento entre a avenue Daumesnil e o boulevard Diderot. Ande pela avenue Daumesnil e olhe para dentro das janelas sob as arcadas do viaduto.

O Viaduc des Arts é um local agradável para terminar seu passeio. Sob os velhos trilhos da ferrovia você encontra cafés, lojas e oficinas de artesanato tradicional, que fazem e vendem cerâmica, pintura, vidro, tecelagem, e onde também se restauram móveis, tecidos e instrumentos musicais. A estação de metrô mais próxima daqui é a Gare de Lyon.

PASSEIO

8

O lar de mortos famosos

Este cemitério é um oásis de sossego bem no coração da agitada metrópole, e o mais visitado local de descanso de celebridades do século 19.

O Cimetière du Père-Lachaise parece mais um parque do que um cemitério, e pode-se passear horas por suas alamedas e passagens ladeadas de túmulos. No metrô Père-Lachaise, uma banca de jornais vende mapas em grande escala do cemitério, com os seus nomes mais famosos, como Jim Morrison e Edith Piaf, bem sinalizados. Vale a pena comprar o mapa detalhado para acompanhar melhor nosso itinerário e ver os túmulos de gente famosa indicados, e também para sair do trajeto e descobrir outros dos 100 mil parisienses que aqui jazem. O cemitério é um maravilhoso e tranquilo museu de esculturas monumentais, do início do século 19 até nossos dias. Seja por questões de ego ou sentimentais, os monumentos exaltam a vida dos mortos em tons que vão do pungente ao humorístico, passando pelo macabro. Os túmulos, sinais visíveis do pesar daqueles que ficaram, são lembranças poderosas da vida das pessoas que eles celebram.

1 Da estação de metrô Père-Lachaise siga direto pelo boulevard de Ménilmontant até a entrada principal do cemitério, do lado esquerdo. Pare para a apreciar o portão e entre. Há banheiros logo à esquerda. Siga pela avenue Principale até o grande Monument aux Morts, e pare no túmulo de Rossini um pouco antes, à sua esquerda.

O cemitério não fica em terreno consagrado, ou seja, abriga pessoas de todas as raças, credos e cores, inclusive suicidas. Muitas imagens de túmulos são pagãs e não cristãs. Acima da entrada principal, ampulhetas aladas lembram o visitante de que o tempo voa. Coroas de flores simbolizam a eternidade. As ânforas acima da entrada representam as urnas onde os antigos gregos punham as cinzas de seus mortos após a cremação. O túmulo do compositor italiano Gioacchino Rossini (1792-1868) é um cenotáfio (túmulo que não contém o corpo). O amado compositor escreveu sua primeira ópera aos 14 anos e se aposentou aos 37, tendo já produzido suas famosas obras *Cinderela* e *O barbeiro de Sevilha*. Ele dedicou o resto de seus anos aos prazeres da vida, o que pode tê-la abreviado. O Monument aux Morts foi criado por Bartholomé, um escultor viúvo, de luto. Um amigo dele, o pintor Degas, sugeriu que esculpisse um monumento à esposa; o resultado foi esta obra, exibida na Exposição Mundial de Paris. A cidade a adquiriu para o Père-Lachaise e agora ela forma a entrada de uma câmara que contém 35 mil corpos. As figuras representam a humanidade marchando em direção à morte. Homens, mulheres e crianças fazem fila diante dos portões da eternidade, sobre um anjo da vida pós-morte, que abre um túmulo.

CIMETIÈRE DU PÈRE-LACHAISE;
DIARIAM 9h-17h

2 Suba os degraus do lado direito. O túmulo em estilo medieval, que mostra um homem com martelo e cinzel aos seus pés, é o de Bartholomé. No alto dos degraus, vire à direita pela avenue de la Chapelle, e pare quase imediatamente no túmulo de Géricault.

Etex, um escultor que também trabalhou no Arco do Triunfo, esculpiu este túmulo para o pintor Géricault. Mostrado reclinado com paleta e pincéis, Géricault é mais conhecido por seu quadro *A balsa da Medusa*, que está no Louvre. O quadro retrata um naufrágio que de fato ocorreu; Géricault entrevistou os sobreviventes e

DISTÂNCIA **2km**

DURAÇÃO **Pelo menos 2 horas**

INÍCIO **Estação de metrô Père-Lachaise**

TÉRMINO **Estação de metrô Père-Lachaise ou Gambetta**

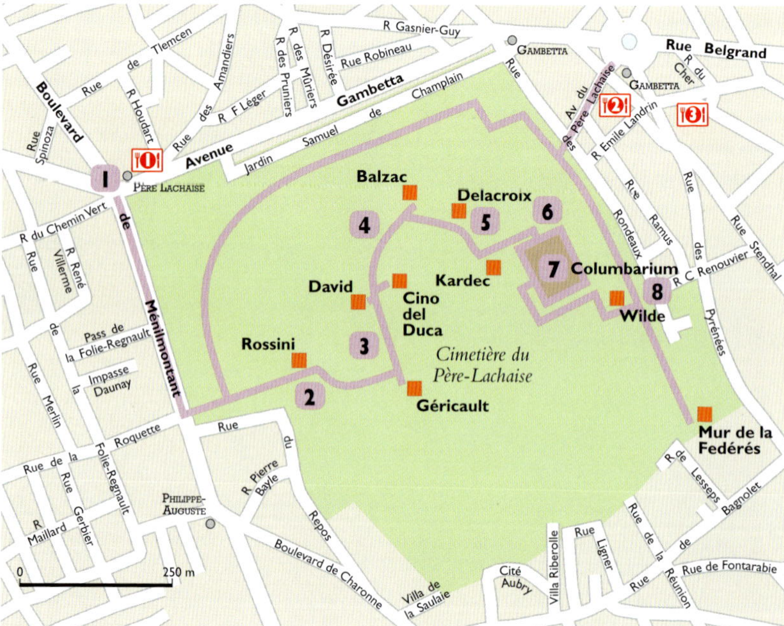

convenceu-os a reencenar partes de sua história para que ele pudesse pintar com o máximo de fidelidade. Ele morreu aos 32 anos após cair de um cavalo.

3 Volte pela avenue de la Chapelle e passe pela escada, agora à sua esquerda, logo depois da capela. No segundo lance de escadas fica o túmulo que contém o coração de David, que pintou *A coroação de Napoleão*. Continue até chegar ao bronze em pé da *Pietà*, no túmulo de Cino del Duca.

Esta linda escultura da *Pietà* é incomum, pelo fato de a Virgem estar em pé e não sentada. Foi feita pelo escultor italiano Francesco Messina para Cino del Duca, que morreu em 1967. A viúva deste magnata, que possuía e criava cavalos de corrida, além de ser dono de editora, editor e diretor de cinema, criou um prêmio literário com o nome dele. O prêmio é conferido a obras que reflitam temas "humanistas". Em 1985, foi para o autor de *A escolha de Sofia*, William Styron. Na época em que ganhou o

ROSSINI

ONDE COMER

1 LE SAINT AMOUR
Avenue Gambetta, 2
Tel: 01 47 97 20 15
Adega que serve almoços leves.

2 AUX RENDEZVOUS DES AMIS
Avenue du Père-Lachaise, 10
Tel: 01 47 97 72 16
Tradicional restaurante local.

3 JARDIN DE CHIANG MAI
Rue de la Cour des Noues, 28
Tel: 01 47 97 95 95
Comida tailandesa, ambiente simples.

prêmio, Styron sofria de esgotamento nervoso e se comportava de modo estranho. Depois de curado, escreveu um comovente relato deste período de sua vida, chamado *Perto das trevas*. O subtítulo do livro é "Memórias da loucura".

4 Pegue a primeira pequena alameda à direita e siga direto até a estátua de Balzac à esquerda.

Honoré de Balzac foi o autor de uma série de romances, cujo conjunto compõe a obra *A comédia humana*. São cerca de 70 romances sobre amor, intriga, ascensão social e o poder do dinheiro. Balzac não era nem bonito nem rico, mas teve uma série de casos amorosos com belas mulheres, que geralmente eram casadas e aristocratas. Ele se correspondeu com uma condessa polonesa por cerca de 20 anos. Eles finalmente se casaram, mas Balzac morreu praticamente em seguida. O busto de Balzac foi esculpido por David d'Angers. Em frente a este túmulo fica o de Gérard de Nerval, um poeta e escritor excêntrico, conhecido como precursor do surrealismo. Seus escritos traduzem bem a essência da vida em Paris no século 19.

5 Volte e vire logo à esquerda depois do grande túmulo de Delacroix. Seu famoso quadro *A Liberdade guiando o povo* está no Louvre. Ele também pintou a capela dos Santos Anjos em St. Sulpice. Continue, vire à direita na avenue Transversale nº 1, depois na primeira à esquerda, e pare para apreciar o imenso túmulo de Allan Kardec.

Sempre coberto de flores, este monumento tem a forma de um dólmen, em homenagem aos enterros de antigos príncipes celtas. Allan Kardec fundou a doutrina do espiritismo (comunicação com os espíritos dos mortos). Em sua inscrição lemos: "Nascer, morrer, nascer de novo e progredir incessantemente – esta é a lei". Muitos médiuns visitam o túmulo com frequência a fim de se comunicarem com seu mentor.

6 Continue sempre em frente até o Columbarium, à direita.

No centro do cemitério fica o crematório. Os pavilhões em volta dividem-se em 50 mil espaços, onde são mantidas urnas contendo cinzas. Desça as escadas até o nível inferior e pegue o primeiro corredor à esquerda. Na metade

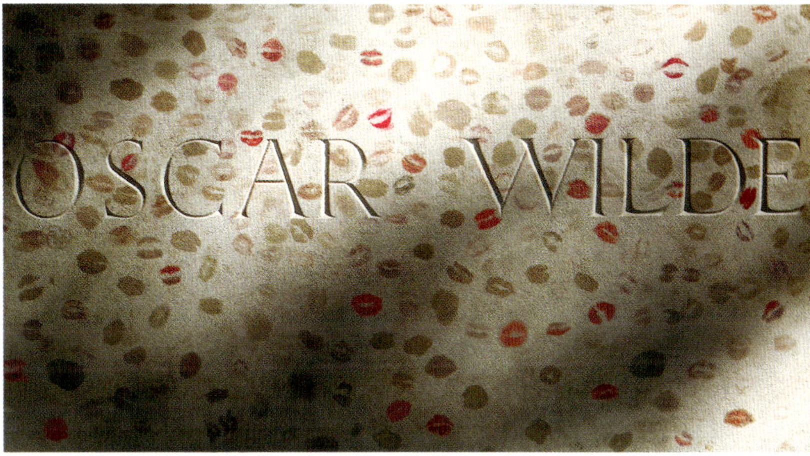

do caminho fica a placa em homenagem à cantora de ópera Maria Callas, embora suas cinzas não estejam mais aqui. Sua urna foi roubada e mais tarde descoberta escondida em outra parte do cemitério. Em 1979, sua mãe alugou um avião e espalhou suas cinzas sobre o mar Egeu.

7 Isadora Duncan tem seu túmulo no alto dos degraus acima do térreo, na ala sudeste do Columbarium. Passe por trás do crematório, vire à esquerda, e depois à direita na allée Transversale nº 3. Vire à esquerda na avenue Carette, para ver o túmulo de Oscar Wilde, à esquerda.

Este imenso monumento de pedra em homenagem a Oscar Wilde é do escultor sir Jacob Epstein (1880-1959) e mostra Wilde como um "anjo demoníaco voador". A figura tinha partes íntimas proeminentes, mas o escultor teve ordens de cobri-las e acrescentou uma folha de figueira, mais tarde removida por um grupo de estudantes bêbados que a devolveram a Epstein. Dizem que o pedaço que falta da estátua serve agora de peso de papéis na mesa do embaixador britânico. Oscar Wilde morreu em Paris em 1900. Na época, estava na ruína financeira e foi enterrado fora de Paris, num cemitério de indigentes. Anos depois, o responsável por sua herança, Robert Ross, providenciou novo enterro, e contratou Epstein para criar o túmulo.

8 Continue até o final da alameda. Se virar aqui à direita irá passar por alguns túmulos interessantes e pelo Mur des Fedérés (Muro dos Federados), onde centenas de *communards* foram executados após o cerco de Paris, em 1871. Se virar à esquerda, poderá seguir pela avenue Circulaire de volta à entrada principal e à estação de metrô Père-Lachaise, ou à saída para a place Gambetta. A estação de metrô Gambetta fica à direita após o segundo cruzamento.

PÁGINA SEGUINTE: MURO DOS FEDERADOS NO CEMITÉRIO PÈRE LACHAISE

PASSEIO 9

A ilha romântica

A bela Île St-Louis, com suas mansões históricas, cais arborizados e velhas pontes, atrai multidões, que vêm aqui passear na primavera e no verão. Até o século 17, esta ilha era apenas dois montes baixos que regularmente ficavam inundados. Eram divididos por uma calha central onde corria o Sena. Um dos lados, chamado de Île Notre-Dame, pertencia à igreja, que arrendava a terra. O outro era a Île aux Vaches (Ilha das Vacas). No início do século 17, Henrique IV ordenou que se juntassem as ilhas para criar um bairro residencial. Isto foi feito rapidamente, o que explica a uniformidade da arquitetura. A calha foi aterrada, construíram-se cais em volta da ilha e ergueu-se a Pont Marie. Levantou-se o nível da ilha, que foi dividida em lotes quadriculados. Artesãos e lojistas se concentraram na rua central, e a nobreza escolheu os lotes à beira do rio. Foram feitas muitas construções na ilha nos 50 anos seguintes, mas depois, no reinado de Luís XIV, as elegantes residências foram aos poucos abandonadas conforme as pessoas se mudavam para Versailles. No século 19, a Île St-Louis era um dos lugares mais pobres de Paris. Na década de 1920, a área tornou-se um dos pontos prediletos da chamada Geração Perdida, da qual faziam parte Ernest Hemingway, Dos Passos, Nancy Cunard e Helena Rubinstein.

1 Comece o passeio na estação de metrô Sully Morland.

À sua esquerda fica uma moderna estátua do poeta Rimbaud (1854-1891), retratado como uma figura esvoaçante perseguida pelas letras do alfabeto. Trata-se de uma alusão a um poema dele sobre as vogais. Vá até o jardim do centro para ver pedras da fortaleza da Bastilha, encontradas e trazidas para cá quando se construiu o metrô na place de la Bastille.

2 Atravesse a ponte à sua frente, a Pont Sully, e vá até o jardim na ponta da ilha por um acesso à esquerda.

Deste jardim, sombreado no verão por grandes plátanos, tem-se uma vista esplêndida do rio. À distância você pode ver o moderno edifício do Ministério das Finanças, que se projeta no rio a partir da Margem Direita (à sua esquerda, quando você olha rio acima), e imediatamente à sua direita um edifício moderno mal cuidado, que pertence à Universidade de Paris. A margem do rio do lado direito virou um parque moderno, frequentado por quem quer correr e fazer caminhadas.

3 Saia do jardim e ande ao longo da margem sul da ilha, quai de Béthune. Vire a primeira à direita na rue de Bretonvilliers, por uma velha passagem em arco, antes de virar à direita na rue St-Louis-en-l'Île. Olhe pela rua principal e terá uma vista da igreja com seu pináculo perfurado. Continue até o final da ilha e vire à esquerda no quai d'Anjou. Pare para olhar o nº 1.

IGREJA COM PINÁCULO PERFURADO

Esta elegante casa do século 17, o Hôtel Lambert, é imensa e tem uma longa galeria com uma fachada curva decorada. Dá para ver apenas parte do grande jardim. A mansão foi projetada pelos homens que construíram o Palais de Versailles – o arquiteto Le Vau e o pintor Le Brun –, daí seu estilo grandioso. Foi ocupada pelo escritor e filósofo Voltaire (1694-1778), e mais tarde por um príncipe polonês exilado, o príncipe Czartorisky, a cuja família Chopin dava aulas de piano. O compositor às vezes era persuadido a se apresentar no grande salão. A casa pertence atualmente à família Rothschild.

4 Continue até o nº 7, sede do sindicato dos padeiros (Syndicat des Maîtres Boulangers de Paris).

PÁGINA AO LADO: RIO SENA

DISTÂNCIA **2,5km**

DURAÇÃO **2 horas**

INÍCIO **Estação de metrô Sully Morland**

TÉRMINO **Estação de metrô Pont Marie**

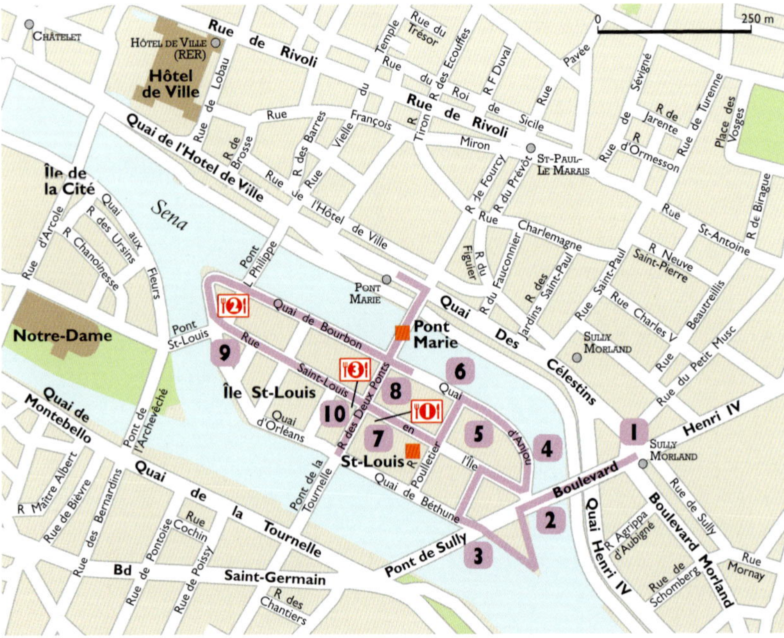

Dê uma espiada no saguão de entrada, onde há velhas gamelas de madeira para amassar pão e reproduções de lâminas da enciclopédia editada pelos filósofos do Iluminismo. Com a industrialização, os padeiros que usam métodos tradicionais têm de lutar para sobreviver. Padeiros autênticos são chamados de *artisans boulangers*, um selo de qualidade.

5 No nº 17 você verá o Hôtel de Lauzun, com seus canos condutores em formato de peixe.

No século 17 o rico proprietário desta casa pagou caro pela elaborada decoração, mas quando a ilha se desvalorizou, no século 19, o local virou uma lavanderia. Como não encontrou utilidade para os painéis de madeira dourados e pintados, o dono guardou-os no porão, e por sorte ainda estavam em bom estado quando ele veio restaurar a casa. O Hôtel de Lauzun atualmente pertence à cidade de Paris e é usado para recepções, nas quais sua elaborada decoração pode ser apreciada uma vez mais.

6 Vire à esquerda na rue Poulletier, que é onde a ilha se dividia antigamente em duas metades por meio de um fosso. Vire à direita na rue St-Louis-en-l'Île e entre na igreja.

Esta igreja sofreu bastante com a natureza: a capela original que ficava neste local foi atingida por um raio, e depois a agulha da atual igreja foi destruída numa tempestade e reconstruída com orifícios, para permitir a passagem do vento. A igreja é dedicada a São Luís. A ilha, antes chamada de Île Notre-Dame por pertencer originalmente a Notre-Dame, ganhou depois o nome de Île St-Louis, talvez por que gerasse confusão chamar uma ilha de Notre-Dame sendo que a catedral de Notre-Dame ficava em outro lugar. A igreja tem um ótimo órgão e abriga concertos de alto nível.

7 Ande pela rue St-Louis-en-l'Île e passe pela famosa sorveteria Berthillon. Vire à direita na rue des Deux Ponts e continue até a metade da Pont Marie. Aprecie a vista do rio e olhe de volta para a ilha.

A rua que atravessa a ilha foi alargada na década de 1920, e umas casas modernas e feias foram construídas no lado esquerdo da rua. Compare-as com as elegantes estruturas irregulares do lado direito, que datam do século 17. O restaurante na esquina do lado direito, o Franc Pinot, tem uma atraente fachada com decoração e grades em estilo antigo, e uma antiga placa comercial mostrando um homem num barco carregando tonéis de vinho.

HOTEL DE LAUZUN

Houve época em que todas as lojas tinham placas pitorescas como esta, já que as pessoas não sabiam ler. Esta placa lembra a importância do rio para o comércio e o transporte. O restaurante tem jazz ao vivo em algumas noites.

8 Volte para a ilha, vire à esquerda, vá até o nº 29 do quai d'Anjou ver onde Hemingway editava um jornal de literatura na década de 1920, e faça o caminho de volta até o quai de Bourbon, seguindo até a extremidade da ilha.

ONDE COMER

1 BERTHILLON
Rue St-Louis-en-l'Île, 31
Tel: 01 43 54 31 61
Os sorvetes daqui viraram uma instituição de Paris.

2 BRASSERIE DE L'ÎLE ST-LOUIS
Quai de Bourbon, 55
Tel: 01 43 54 02 59
Tradicional, em estilo antigo, e tendo como especialidade linguiças.

3 L'ÎLOT VACHE
Rue St-Louis-en-l'Île, 35
Tel: 01 46 33 55 16
Tradicional, divertido e receptivo.

Este agradável trecho tem bancos onde você pode sentar sob as árvores e apreciar a vista do rio. À sua direita, do outro lado do rio, fica o majestoso Hôtel de Ville, sede da prefeitura de Paris.

9 Desça pela rua principal, a rue St-Louis-en-l'Île, apreciando a variedade de pequenas butiques que vendem jóias, moda, doces, sorvetes, *foie gras* e outras especialidades. Pare no nº 51, Hôtel Chenizot, e admire sua fachada a partir de fora; depois, ao entrar no pátio, note as belas maçanetas das portas, em formato de cavalos.

Construída no século 17 e redecorada no século 18, esta já foi uma mansão esplêndida, onde residiram várias ricas famílias nobres. No século 19, tornou-se a residência do arcebispo de Paris, Monseigneur Affre, e foi também o local em que Monseigneur Affre morreu baleado ao subir numa barricada para tentar acalmar a truculenta multidão durante a Revolução de 1848. Mais tarde, o edifício foi bastante desfigurado ao se tornar uma gendarmerie. Aventure-se mais no pátio para ver um velho relógio de sol no meio do que era antes um belo jardim.

10 Vire à direita na rue des Deux Ponts e passe pelo restaurante em estilo antigo chamado L'Îlot Vache (um trocadilho com o antigo nome da ilha menor, que era chamada de Île aux Vaches). Siga em frente até a Pont de la Tournelle.

A casa na esquina do quai de Béthune com a rue des Deux Ponts foi ocupada vários anos pela cientista Marie Curie (1867-1934), ganhadora do prêmio Nobel. Ela foi a primeira mulher a receber enterro cerimonial no Pantheon, junto com o marido Pierre Curie, pelos serviços prestados para o avanço da ciência. Na ponte há uma estátua de St. Genevieve, padroeira de Paris. Olhe em direção à Margem Esquerda; na esquina do quai de la Tournelle, à sua esquerda, fica um restaurante de cobertura com janelas panorâmicas que oferecem uma excelente vista da catedral de Notre-Dame. Trata-se do famoso Tour d'Argent. Para encerrar o seu passeio, volte seguindo sempre em frente pela rue des Deux Ponts até chegar à estação de metrô Pont Marie.

HOTEL
HÔTEL DES 2 ILES
SUPER MARKET
75

RUE ST-LOUIS EN ÎLE

PASSEIO 10

O bairro da Madeleine

Ande pela elegante e eclética mescla de arquitetura e lojas especializadas deste bairro, que tem alguns dos mais famosos restaurantes parisienses.

Construída como um templo, a colossal igreja de La Madeleine domina o bairro inteiro. O edifício copia a arquitetura do mundo antigo. O imperador Napoleão tomou a decisão política de usar deliberadamente um estilo que o diferenciasse da geração anterior de governantes. Um bem conhecido guia francês descreve a igreja como assentada sobre um "peristilo em forma de paralelepípedo, com degraus hollywoodianos que levam até a entrada". A sua entrada é, de fato, bem cinematográfica, e seu grande porte certamente humilha o visitante. A vista da Assembleia Nacional que se tem a partir da entrada é espetacular. Hoje, o bairro da Madeleine é caro e chique; a praça é cheia de lojas e restaurantes finos. O Senderens (no nº 9 da place de la Madeleine), com sua bela decoração 1900, e o famoso Maxim's, em estilo Art Nouveau, ficam aqui perto. Há um museu de Art Nouveau no Maxim's (www.maxims-artnouveau-musee.com). Um colorido mercado de flores dá vida à arquitetura. O melancólico monumento a Luís XVI e Maria Antonieta abre somente às tardes de quinta, sexta e sábado.

1 Comece na estação de metrô St-Augustin e siga até a grande igreja de St.- Augustin, passando pela estátua de Santa Joana d'Arc.

Esta estátua mostra uma das santas mais amadas da França, a cavalo, vestindo armadura e com ar de menina levada. Ele guiou os exércitos franceses contra os ingleses durante a Guerra dos Cem Anos. Os ingleses a capturaram e queimaram como bruxa. Alguns dizem que foi feita uma troca na última hora e que ela conseguiu sobreviver.

2 Pare para admirar a igreja de St. -Augustin.

Este é um excelente exemplo da arquitetura do século 19. A igreja parece tradicional vista de fora, mas se você entrar descobrirá que a imensa cúpula é sustentada por uma estrutura metálica – o que na época era considerado o auge da modernidade. A igreja também tinha aquecimento central e um potente órgão, ambos modernos na época, e foi construída para acomodar os moradores das recém-construídas avenidas e bulevares da Paris de Napoleão III.

3 Volte à estação de metrô, siga pelo boulevard Haussmann e depois vire à direita na rue Pasquier até a Chapelle Expiatoire e o jardim, square Louis XVI.

Este tranquilo jardim, com uma área para crianças, é usado pelas pessoas do bairro e por funcionários de empresas que vêm aqui comer seus lanches nos dias de semana. O edifício no centro é uma capela, erguida no início do século 19 em memória à família real e às vítimas da Revolução. Quando Luís XVI e Maria Antonieta foram executados na place de la Concorde, em 1793, foram enterrados no cemitério mais próximo, ligado à igreja da Madeleine e situado aqui. Mais tarde, quando a família real foi restaurada, os corpos foram exumados e ganharam um enterro mais digno, embora não tenha ficado claro se as autoridades encontraram os corpos verdadeiros.
A guarda especial de soldados suíços, massacrada durante um levante em 1791, pois o rei não os autorizou a abrir fogo, também está enterrada aqui. Luís XVI hesitou em dar a ordem, pois não queria matar seu próprio povo, mas os soldados suíços acabaram pagando por isto.

CHAPELLE EXPIATOIRE;
QUI-SÁB 13h-17h; TEL: 01 44 32 18 00

ONDE COMER

1 LE WELCOME CAFÉ
Rue de Rivoli, 210
Tel: 01 42 60 68 53
Almoço e chás por bom preço.

2 LE PETIT BERGSON
Place Henri Bergson, 10
Tel: 01 45 22 63 25
Pequeno bistrô local.

3 CHEZ ANGELINA
Rue de Rivoli, 226
Tel: 01 42 60 82 00
Famoso e fino salão de chá.

10

DISTÂNCIA 2km

DURAÇÃO 2h30min

INÍCIO Estação de metrô St-Augustin

TÉRMINO Estação de metrô Tuileries

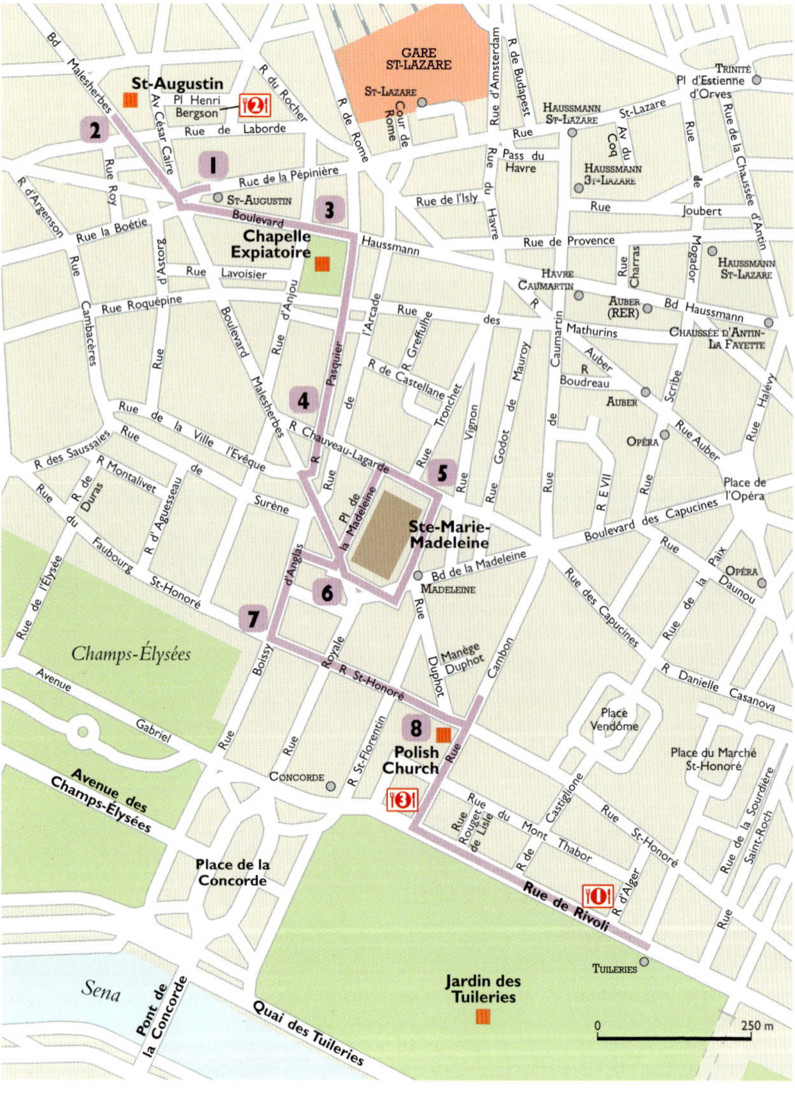

4 Continue pela rue Pasquier, e vire à esquerda no boulevard Malesherbes para chegar à igreja de La Madeleine.

O melhor ponto para apreciar esta igreja é o canto sudeste da praça, de onde se vê tanto a fachada como a lateral. Ela tem o desenho de um templo grego, com formas simples, rodeada por grandes pilares, e é dedicada a santa Maria Madalena. Olhe para as esculturas no grande frontão da fachada. Elas mostram Jesus com Maria Madalena ajoelhada ao seu lado, implorando-lhe para que perdoe nossos pecados. A igreja foi originalmente encomendada por Napoleão como um templo à fama, mas ele mudou de ideia e converteu a construção numa igreja. Dentro há uma interessante pintura no teto, com santos famosos como são Luís e Joana D'Arc. O próprio Napoleão está representado, vestindo uma capa de cor mostarda, na parte inferior da pintura. É uma das raras pinturas do líder, já que quando ele perdeu o poder em geral sua imagem foi removida, ou sua cabeça trocada pela de outra pessoa. A igreja é famosa por seus concertos e por seu potente órgão. Os concertos são divulgados na própria igreja e os ingressos são vendidos aqui. Em geral não são caros.

ÉGLISE DE LA MADELEINE;
DIARIAM 9h-19h; TEL: 01 44 51 69 00

5 Depois de explorar a igreja, reserve um tempo para admirar os arredores da place de la Madeleine.

Esta praça é rodeada de lojas de alimentos de primeira linha. A da mostarda Maille de Dijon fica no nº 6. Passeie pelo lado direito da praça, aprecie as bancas de flores e admire as vitrines da loja de alimentos Fauchon, e do *chocolatier* Mme de Sévigné, cujas especialidades podem ser provadas com uma xícara de seu excelente café. Do outro lado da praça, visite as diversas salas da Hediard, como a loja de trufas, a loja especializada em caviar e as mostras de cristais Baccarat. À tarde costuma haver uma fila de pessoas num pequeno quiosque da praça que vende ingressos de última hora para o teatro.

6 Saia da place de la Madeleine pela esquina sudoeste e desça a arcadas da Galerie de la Madeleine. Vire à esquerda na rue Boissy d'Anglas e continue até chegar à butique Hèrmes.

Esta loja de moda é famosa por seus lenços de seda com desenhos baseados em motivos equestres, como arreios e selas. Entre e aprecie suas peças, há tempos consideradas o suprassumo do chique conservador francês. Sua grande vitrine da esquina tem sempre novidades.

7 Vire à esquerda na rue St-Honoré e passeie por ela.

Esta rua é famosa por suas lojas de grife de alta classe. À direita você tem os showrooms da Yves St Laurent, Chloé e Balmain. Continuando à esquerda, verá vitrines que mostram o trabalho de alguns dos estilistas mais jovens, em ascensão. No nº 380 da rue St-Honoré fica o museu de óculos e *lorgnettes*

(binóculos para ópera) e, em frente, a igreja polonesa. Esta igreja do século 17, com sua imponente cúpula, foi adotada pela comunidade da Polônia em Paris. Dentro há uma estátua do papa João Paulo II, sempre enfeitada com flores.

8 Vire à esquerda na rue Cambon para ver a famosa butique Chanel. Volte pela rue Cambon até a rue de Rivoli. Na esquina fica a WH Smith, a livraria inglesa, com incrível variedade de livros, jornais e revistas. Vire à esquerda na rue de Rivoli até chegar ao salão de chá Chez Angelina, no nº 226.

Este atraente salão de chá é famoso por seu delicioso chocolate quente à moda antiga (*à l'ancienne*). É um chocolate muito denso, servido numa jarra de prata, que você mesmo mistura com creme e leite. Prove também o *gâteau* Mont Blanc, feito com *purée de marron*. Se a fila para sentar for grande, compre um bolo e vá saboreá-lo no Jardin des Tuileries. O metrô mais próximo é o Tuileries.

PASSEIO 11

O boêmio Montmartre

Um dos bairros parisienses mais elegantes, é onde você pode ver a igreja Sacré-Cœur e o Moulin Rouge, e passear pelas ruelas da cidade antiga.

Montmartre cresceu numa colina natural de gipsita, que durante séculos foi escavada para fornecer gesso a Paris. Até o século 19, era uma área rural, com fazendas e moinhos. Na década de 1860, foi reurbanizada, junto com outras vilas periféricas, pois Paris não parava de crescer. Como o centro da cidade se tornava cada vez mais burguês, os pobres foram empurrados para fora e passaram a se dedicar a qualquer negócio para sobreviver. Montmartre teve sua boa cota de lavadeiras, limpadores de tapetes, trabalhadores braçais e, é claro, prostitutas. Muitos achavam consolo na bebida, e proliferaram cafés e bares onde se podia tomar absinto, uma bebida forte e barata. Este novo estrato de Paris fascinou os artistas da época, que vinham aqui pintar as cores locais. Muitos quadros famosos dos impressionistas foram feitos aqui; entre os artistas que pintaram a área e seus personagens estão Lautrec, Degas, Renoir e Van Gogh. Os modernistas vieram depois, em torno de Picasso, cujo primeiro estúdio em Paris ficava na place Émile Goudeau. Dê um tempo no alto da colina que tem uma vista esplêndida de Paris. Para almoçar, vá até um dos muitos restaurantes da rue des Abbesses.

1 Comece na estação de metrô Anvers. Suba a rue de Steinkerque, passando pelas lojas de suvenires e tecidos. No alto, pegue o *funiculaire*, e suba as escadarias do Sacré-Cœur, onde você pode admirar a vista e visitar a basílica.

Construída juntando contribuições, depois que a França foi derrotada pela Prússia em 1870, esta imensa basílica, projetada pelo arquiteto Paul Abadie, é bastante inspirada na basílica românica de St.-Front, de Perigueux, e feita de pedra muito branca, que dizem ser autolimpante com a chuva. É dedicada a todos os santos da França, retratados num imenso mosaico no interior. Duas estátuas dos santos protetores da França montam guarda a cavalo no exterior: São Luís, segurando a Coroa de Espinhos, e Santa Joana d'Arc. O campanário tem o maior sino da França, grande o suficiente para abrigar 36 pessoas em pé embaixo dele. Na construção, ficou na colina vizinha, sustentado por grossos pilares. Bombas americanas quase destruíram a igreja ao final da Segunda Guerra Mundial.

SACRÉ-CŒUR; DIARIAM 6h-23h; TEL: 01 53 41 89 00 www.sacre-coeur-montmartre.com

2 Saia da Sacré-Cœur, vire à direita na rue Azais, e depois na segunda à direita, e verá a pequena igreja de St-Pierre à sua direita.

A fachada simples, com modernas portas de bronze, esconde uma igreja antiga que já pertenceu à ordem das freiras Beneditinas. Seu convento ficava no alto da colina. A igreja foi consagrada em 1147 e é uma das mais antigas de Paris, iniciada 16 anos antes de Notre-Dame. As paredes se inclinam para fora sob o peso do telhado, mostrando como foi útil a inovação do arcobotante. As janelas coloridas foram colocadas após danos por bombardeios na Segunda Guerra Mundial. A janela e as portas de bronze contam a história de são Pedro, padroeiro da igreja. É hoje a igreja paroquial local.

PÁGINA AO LADO: PLACE J. B. CLEMENT

DISTÂNCIA 2,5km

DURAÇÃO 2h30min

INÍCIO Estação de metrô Anvers

TÉRMINO Estação de metrô Blanche

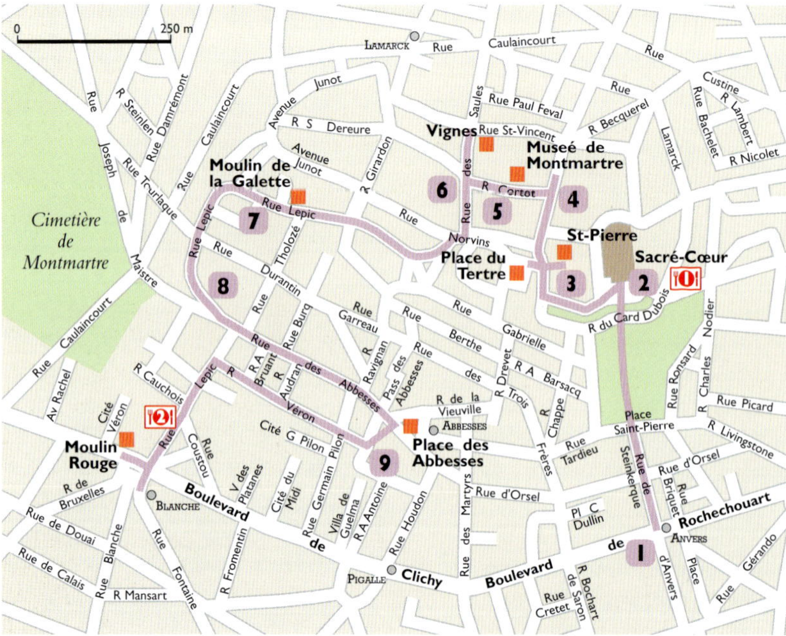

3 **Da igreja, vá direto até a place du Tertre, famosa por seus artistas e restaurantes.**

Tertre significa "pico", e esta área no alto da colina já foi a praça principal da vila. Ela ferve de atividade, com centenas de artistas de rua oferecendo seus quadros. As *silhouettes* feitas aqui são assim chamadas por causa do francês Étienne de Silhouette, que inventou esta técnica no século 18. Um dos restaurantes pitorescos daqui é o La Mere Catherine, onde a palavra bistrô foi cunhada. Após as Guerras Napoleônicas, soldados russos vinham aqui e pediam comida gritando *bistrot*, ou seja, "depressa" em russo. No escritório de turismo você pode comprar vinho de Montmartre. Não é barato (50 euros a garrafa), mas é bem incomum.

4 **Saia da praça pelo ponto por onde entrou, vire à esquerda e passe pela caixa-d'água de Montmartre. Vá até a escadaria e curta a vista para o norte, em direção à cidade de St-Denis.**

Mère Catherine
CHEZ EUGENE

À distância você pode ver o longo telhado verde e a torre única da basílica de St-Denis, onde os reis da França estão enterrados. Esta foi a primeira igreja gótica da França. À direita fica o Stade de France, um estádio moderno para 80 mil pessoas, usado para futebol, atletismo e shows de rock.

5 Volte, entre à direita na rue Cortot e passe pelo Musée de Montmartre, que conta a história local e promove exposições temporárias. Vire à direita na rue des Saules e continue até alcançar o vinhedo à sua direita e o cabaré Lapin Agile, mais adiante.

Antes as vinhas cobriam esta colina, numa época em que as pessoas tomavam vinhos locais, que eram toscos, mas baratos e abundantes. Uma das ruas daqui tem o nome do padroeiro do vinho, são Vicente. As vinhas desapareceram quando a terra se valorizou e foi adquirida para construções, mas a comunidade local lutou para manter sua posse. A festa do vinho, realizada todo ano no segundo sábado de outubro, é pretexto para grandes festejos, embora se comente que o vinho oferecido é intragável! Logo abaixo do vinhedo fica o pitoresco e pequeno cabaré Lapin Agile, com sua placa mostrando um coelho fugindo de uma panela. O nome é um trocadilho com o nome do artista que pintou a placa, A. Gill. Muitos artistas sem dinheiro, como Picasso, Modigliani e Utrillo, costumavam apreciar os shows daqui e pagavam a conta com suas pinturas. O dono, no entanto, vendeu-as antes que os artistas ficassem famosos. Este é o cabaré mais antigo de Paris e, embora pequeno, é bem francês.

MUSÉE DE MONTMARTRE;
TER-DOM 10h-18h TEL: 01 49 25 89 37

6 Suba a colina, passe pelo pequeno e charmoso restaurante chamado "La

Maison Rose", que fica à sua direita, vire à direita no final, e dê a volta para apreciar a vista do Consulat Restaurant. Vire à esquerda na rue Lepic, passe pelo pequeno moinho que anuncia um restaurante, até chegar a um restaurante chamado Moulin de la Galette, à direita.

O moinho é um dos símbolos de Montmartre. A colina de Montmartre já foi coroada de moinhos que produziam farinha para fazer pão, como este aqui, ou então gipsita para o famoso gesso de Paris. Havia um popular salão de dança ao lado deste moinho no século 19, e muitos artistas pintaram as animadas cenas daqui. A grande tela de Renoir, *Le bal du Moulin de la Galette*, uma das obras-primas do Musée d'Orsay, retrata este local.

7 Desça a rue Lepic até o nº 54, onde morou Vincent Van Gogh.

Theo, o irmão mais novo de Van Gogh, dirigia uma galeria em Paris, e os irmãos dividiram um apartamento aqui durante dois anos (1886-8). Theo morreu seis meses depois de Vincent, e os dois estão enterrados na vila de Auvers. As pinturas que Vincent fez desta vila podem ser vistas no Musée d'Orsay.

8 Continue descendo a rue Lepic, que se junta à rue des Abbesses (um animada rua de compras do bairro, com pequenas butiques e lojas de alimentos), até a place des Abbesses.

Note a bela saída antiga de metrô desenhada por Hector Guimard, e a igreja paroquial de St.-Jean, ambas de 1900 e bons exemplos do estilo Art Nouveau. Na praça fica a entrada para um jardim com um muro decorativo onde aparece a frase "Eu te amo" em 311 línguas. É um símbolo de romantismo, arte urbana e cooperação internacional.

9 Desça a escadaria à direita da igreja, vire à direita na rue Véron e continue até o fim. Vire à esquerda na rue Lepic. Continue até a place Blanche e o Moulin Rouge.

O cabaré Moulin Rouge abriu em 1889. Seus shows eram considerados escandalosos, com dançarinas de *cancan* seminuas e a orquestra escondida dentro de um elefante gigante. Toulouse-Lautrec fez vários pôsteres memoráveis para os shows, especialmente os da dançarina La Goulue e seu parceiro, apelidado de "Homem sem Ossos". Edith Piaf cantou aqui na década de 1950 e o local ainda é famoso por seus shows deslumbrantes. Há uma loja de suvenires na rue Lepic.

ONDE COMER

1 L'ÉTÉ EN PENTE DOUCE
Rue Muller, 23
Tel: 01 42 64 02 67
Alojado numa antiga padaria.

2 LE TABAC DES DEUX MOULINS
Rue Lepic, 15
Tel: 01 42 54 90 50
Bebidas e refeições simples.

PASSEIO 12

Como vive a outra metade

Babás à moda antiga mimando suas crianças são uma visão comum neste parque, mas esta área residencial chique e tranquila é cheia de surpresas. O bairro de Monceau tornou-se uma das áreas residenciais mais procuradas durante a reurbanização feita em Paris no século 19 pelo barão Haussmann. O belo parque, que já teve o dobro do tamanho, pertenceu a Filipe de Orléans, primo de Luís XVI. Ambos foram guilhotinados durante a Revolução. O governo de Napoleão III aproveitou metade do jardim para criar um parque urbano, e a outra metade foi vendida a um rico banqueiro. Este a dividiu em lotes, para que os novos capitães da indústria pudessem erguer suas belas mansões, rodeadas de exuberantes jardins particulares. Monceau significa "pequeno monte" e se refere à área que originalmente ficava dentro das muralhas da cidade do século 18, formadas por um anel de barreiras de alfândega. As pesadas taxas sobre os bens que entravam na cidade estimulavam o contrabando, por isso os portões eram muito bem policiados. Hoje a área é calma e cara, com avenidas cheias de casas elegantes. Várias mansões do local, de ricos filantropos, foram doadas ao Estado e se tornaram alguns dos museus mais fascinantes de Paris.

Comece o passeio na estação de metrô Monceau.

Em frente à Rotunda, que é a entrada para o parque, ficam as espetaculares fachadas angulares de apartamentos do período do barão Haussmann. Haussmann (1809-1891) limitou a altura dos apartamentos a seis andares, com sacadas no segundo e no quinto andar. Onde possível, incentivava edifícios triangulares. A entrada do parque reflete a elegância do bairro. As magníficas grades em ferro trabalhado têm luminárias a gás incorporadas ao projeto, e incrustrações do galeão – o símbolo de Paris. A Rotunda clássica, que hoje aloja a zeladoria do parque e os banheiros públicos, era um posto de vigia, para permitir aos oficiais da alfândega localizarem contrabandistas. Foi projetado pelo arquiteto Ledoux, que acreditava que a função define a forma. Ele chegou a projetar um bordel em forma de falo.

2 Entre no parque. Na esquina da primeira alameda à direita há uma bela davídia. Ela produz magníficas brácteas na primavera, que lhe renderam o apelido de "árvore dos lenços". Pegue a segunda alameda à esquerda, passando pelo monumento a Maupassant, e continue até a colunata.

Maupassant escreveu sobre ambição, cobiça, litígios familiares, suicídio e desvios sexuais. Seus romances tiveram imenso sucesso, mas ele esbanjou dinheiro de forma extravagante, até que os excessos de trabalho e de prazeres o levaram à morte com apenas 43 anos. O monumento mostra um de seus leitores contemplando sua obra. O lindo lago com colunas é chamado de *naumachia*, nome que os romanos davam aos lagos artificiais onde encenavam batalhas navais. Acredita-se que as colunas vieram do mausoléu inacabado que Catarina de Médicis construiu para Henrique II.

ONDE COMER

1 L'ÉPICERIE RUSSE
Rue de la Terrasse, 13
Tel: 01 40 54 04 05
Saborosas especialidades russas.

2 DEL PAPA
Rue du Faubourg St-Honoré, 233bis
Massas e pizza. Ambiente familiar.

3 LES DOMAINES QUI MONTENT
Rue Cardinet, 22
Tel: 01 42 27 63 96
Vinheria com comida caseira.

3 Continue pelo caminho, sob o pórtico de pedra, o último fragmento remanescente do Hôtel de Ville original. Vire à esquerda na avenue Velásquez e pare diante do Musée Cernuschi, à direita.

Esta avenida tem magníficas mansões típicas da área. Cernuschi foi um banqueiro italiano que se refugiou em Paris após a Revolução de 1848. Este político e economista rico e culto era

PÁGINA AO LADO: PARC MONCEAU

DISTÂNCIA 3km

DURAÇÃO 2h30min

INÍCIO Estação de metrô Monceau

TÉRMINO Estação de metrô Ternes

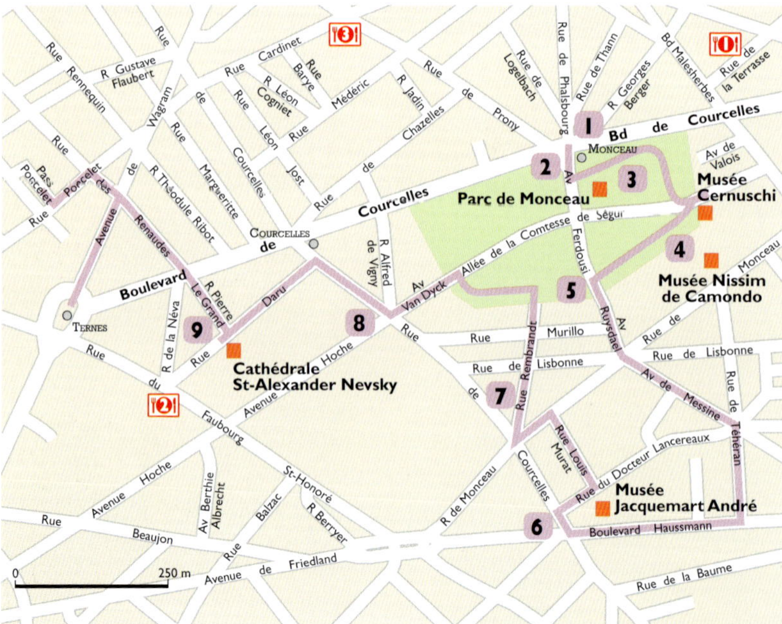

apaixonado por arte oriental. Ele correu o mundo, levando junto um consultor de arte, e reuniu uma grande coleção de peças chinesas, especializando-se em terracotas, bronzes, jades e cerâmicas do Neolítico. Esta mansão foi construída para abrigar sua coleção. A fachada é um tributo à arte do mundo antigo e do Renascimento, com retratos de Aristóteles e Da Vinci. A mansão à esquerda era de Alfred Chauchart. Ele começou como empregado de uma loja e acabou fundando uma das mais prósperas lojas de departamentos da cidade, os Grands Magasins du Louvre. Ele comprou o célebre quadro de Millet, *Angelus*, para evitar que saísse do país. Sua coleção de arte está hoje no Musée d'Orsay.

MUSÉE CERNUSCHI; TER-DOM 10h-18h; TEL: 01 53 96 21 50 www.paris.fr

4 Volte ao jardim e pegue a allée Garnerin à esquerda. Pare atrás da primeira grande casa de frente para o parque, o Musée Nissim de Camondo.

Este maravilhoso museu consiste em uma casa particular, construída no estilo do Petit Trianon de Luís XV nos jardins de Versailles, e decorada com uma magnífica coleção de mobília do século 18. A família Camondo era de banqueiros judeus muito ricos. Moïse de Camondo doou sua casa e a coleção ao Estado, em memória ao seu filho, que morreu em serviço durante a Primeira Guerra Mundial. Mais tarde, na Segunda Guerra Mundial, ele perdeu sua filha, cunhado e dois netos em Auschwitz. Esta excelente coleção, formada com grande discernimento, é apresentada em 15 elegantes salas espalhadas por dois andares principais, que dão para os jardins. Continue pela alameda cujo nome homenageia o primeiro paraquedista do mundo, André-Jacques Garnerin, que aterrissou aqui depois de saltar 304m de um balão de ar quente. A esposa de Garnerin tornou-se a primeira mulher paraquedista. Ela competiu com outra mulher balonista, Mme Blanchard, e as duas disputaram a glória com saltos cada vez mais incríveis, mas Mme Blanchard explodiu nos ares quando soltou fogos de artifício de seu balão de ar quente.

MUSÉE NISSIM DE CAMONDO;

QUA-DOM 10h-17h; TEL: 01 53 89 06 50

www.ucad.fr

5 Entre à esquerda na avenue Ruysdael, cruze a place Rio de Janeiro e continue pela avenue de Messine. Vire à direita na rue de Teheran e de novo à direita no boulevard Haussmann. O Musée Jacquemart André fica no nº 158.

Este é outro esplêndido museu deixado para o estado por generosos benfeitores. Édouard André, um riquíssimo banqueiro, encomendou um retrato seu à artista Nélie Jacquemart, em 1872. Em 1881, casou-se com ela. Ambos viveram nesta luxuosa casa, construída para abrigar sua soberba coleção de arte. Em 1894, André morreu e, para espanto da família, deixou a casa e sua fortuna para Nélie. Ela continuou a adquirir obras de arte pelos 18 anos seguintes, e ao morrer deixou tudo, inclusive a fortuna, para o Estado. Entre os destaques do museu estão obras famosas do Renascimento italiano, além de mobília e pinturas da França do século 18. A extraordinária coleção inclui ainda três Rembrandt. O restaurante daqui é uma ótima sugestão para almoçar.

MUSÉE JACQUEMART ANDRÉ;

DIARIAM 10h-18h; TEL: 01 45 62 11 59

www.musee-jacquemart-andre.com

6 Vire à direita na rue du Dr. Lancereaux, a primeira à esquerda na rue Louis Murat, e à esquerda na rue de Monceau. No fim da rua verá um pagode oriental extraordinário.

C. T. Loo, destacado negociante de antiguidades chinesas da primeira metade do século 20, iniciou seus negócios em Paris. Este pagode foi aquisição sua.

7 Pegue a rue Rembrandt de volta até o parque e siga pela alameda que está logo à esquerda. À sua direita fica a árvore mais antiga daqui, um plátano com uma circunferência de 7m e cerca de 140 anos de idade. Saia do parque pela allée Comtesse de Ségur, à esquerda. Pare no nº 5 da avenue Van Dyck para apreciar a mansão Menier.

Esta luxuosa mansão foi construída para a família de um químico do século 19 chamado Jean-Antoine Brutus Menier. Ele tentava encontrar uma camada externa de bom sabor para pílulas e remédios, e misturou industrialmente açúcar refinado e cacau. A ideia deu tão certo que Menier passou a vender apenas a mistura em pequenas barras, inventando assim a versão moderna do chocolate.

8 Vire à direita na rue de Courcelles e à esquerda na rue Daru. No nº 12 fica a catedral ortodoxa russa St-Alexandre Nevski.

Esta surpreendente igreja russa, escondida numa rua tranquila, foi projetada por arquitetos da Academia de Belas-Artes de São Petersburgo. Seus cinco domos dourados em forma de cebola simbolizam velas; cada uma das pequenas espiras representa uma chama ardendo em direção ao céu. Muitos políticos russos se exilaram em Paris antes da Revolução, entre eles Trótski e Lênin. Após a Revolução, russos czaristas "brancos" vieram para Paris, nobres e generais lado a lado, buscando qualquer meio para sobreviver, até mesmo dirigir táxis. Picasso casou com a primeira mulher, Olga Cocklova, nesta igreja. O interior é decorado com pinturas, imagens e mosaicos. A missa é rezada em russo.

9 Pegue a rue Pierre le Grand em frente à igreja, cruze o boulevard de Courcelles e siga pela rue des Renaudes. Atravesse a avenue de Wagram até a rue Poncelet, vire à esquerda, e depois à direita na passage Poncelet.

Aqui há um animado mercado antigo de hortifrútis, cheio de cafés e bares. A estação mais próxima de metrô é Ternes.

MOULIN ROUGE

DU
ULIN ROUG
FORMIDABLE

PASSEIO 13

O fantasma da Ópera

Amplos bulevares, feitos para carruagens, abrigam agora grandes hotéis, salões de chá, lojas de departamentos e a incrível Ópera de Paris.

Este bairro resume a majestosa nova Paris de Napoleão III e do barão Haussmann, construída entre 1852 e 1871. Neste período, grande parte do centro antigo foi demolido e as sinuosas ruas antigas foram substituídas por avenidas e bulevares, construídos para aliviar o trânsito e permitir ao exército controlar melhor os revolucionários. Uma nova safra de ricos industriais se instalou nesta área. Uma revolução arquitetônica, especialmente na construção de painéis de vidro, permitiu erguer edifícios maiores, e esta era foi o auge das grandes lojas de departamentos, teatros, casas de ópera e estações ferroviárias. A magnífica Opéra Palais Garnier, de Charles Garnier, foi construída a pedido de Napoleão III, e a avenue de l'Opéra foi aberta para que ele pudesse chegar lá mais facilmente e em grande estilo - embora ela só tenha sido inaugurada depois que ele foi mandado para o exílio. Apesar de ainda manter a realeza, este bairro histórico não ficou parado no tempo; as lojas vendem a última moda, os cafés servem culinária atual e o Opéra Palais Garnier encena produções modernas.

1 Comece na estação de metrô Trinité e ande até a igreja de la Trinité.

Esta grande igreja do século 19, com seus agradáveis jardins na frente, foi construída na mesma época que Ópera. A recente restauração devolveu-lhe o esplendor original, com mármore colorido e motivos dourados no interior.

2 Saia da igreja de la Trinité e desça a rue de Mogador até o boulevard Haussmann.

Duas das mais famosas lojas de departamentos de Paris, as Galleries Lafayette e a Printemps, ficam situadas aqui. A majestosa arquitetura desses edifícios, com cúpulas de vitrais e belas sacadas de metal trabalhado que dão para áreas de compras abertas, foi inspirada na Ópera de Paris e considerada o auge da modernidade na época. Ambas as lojas têm lindos salões de chá.

3 À sua frente fica o famoso Opéra Palais Garnier.

A Ópera é um dos edifícios mais extravagantes de Paris. Projetado por Charles Garnier para o imperador Napoleão III em meados do século 19, ele domina este bairro. As obras do edifício foram dificultadas pela descoberta de água no subsolo. Durante um ano, foi feito um bombeamento 24 horas por dia, mas não adiantou, por isso a Ópera fica sobre um tanque artificial de água projetado por Garnier para impedir que a água se infiltrasse nos alicerces. Isto deu origem à famosa história do fantasma desfigurado que assombra a Ópera. No lado de fora você pode ver uma estátua, a segunda a partir da direita na fachada, que mostra um grupo de figuras dançando em volta de uma figura saltitante segurando um tamborim. A estátua foi considerada escandalosa na época, porque as mulheres estão nuas e sorrindo, expressando prazer. O teatro fica normalmente aberto ao público. Se você pagar, poderá entrar e ver os salões com sua esplêndida decoração; um magnífico salão de baile dourado, que é alugado para desfiles de moda e recepções; e, se a plateia estiver aberta, poderá ficar num dos camarotes do grande círculo e ver o famoso lustre e o belo teto moderno pintado por Marc Chagall na década de 1960. Se não quiser pagar, dê uma espiada na grandiosa escadaria com sua profusão de mármores coloridos. Há uma loja de suvenires no

ONDE COMER

1 CAFÉ DE LA PAIX
Boulevard des Capucines, 12
Tel: 01 40 07 30 20
Elegante café de bulevar.

2 BISTROT DES DEUX THEATRES
Rue Blanche, 18 Tel: 01 45 26 41 43
Comida francesa para o pessoal que frequenta os teatros.

3 JEAN PAUL HEVIN
Rue St-Honoré, 231
Tel: 01 55 35 35 96
Chocolatier e salão de chá.

DISTÂNCIA **2,5km**

DURAÇÃO **2h30min**

INÍCIO **Estação de metrô Trinité**

TÉRMINO **Estação de metrô Concorde**

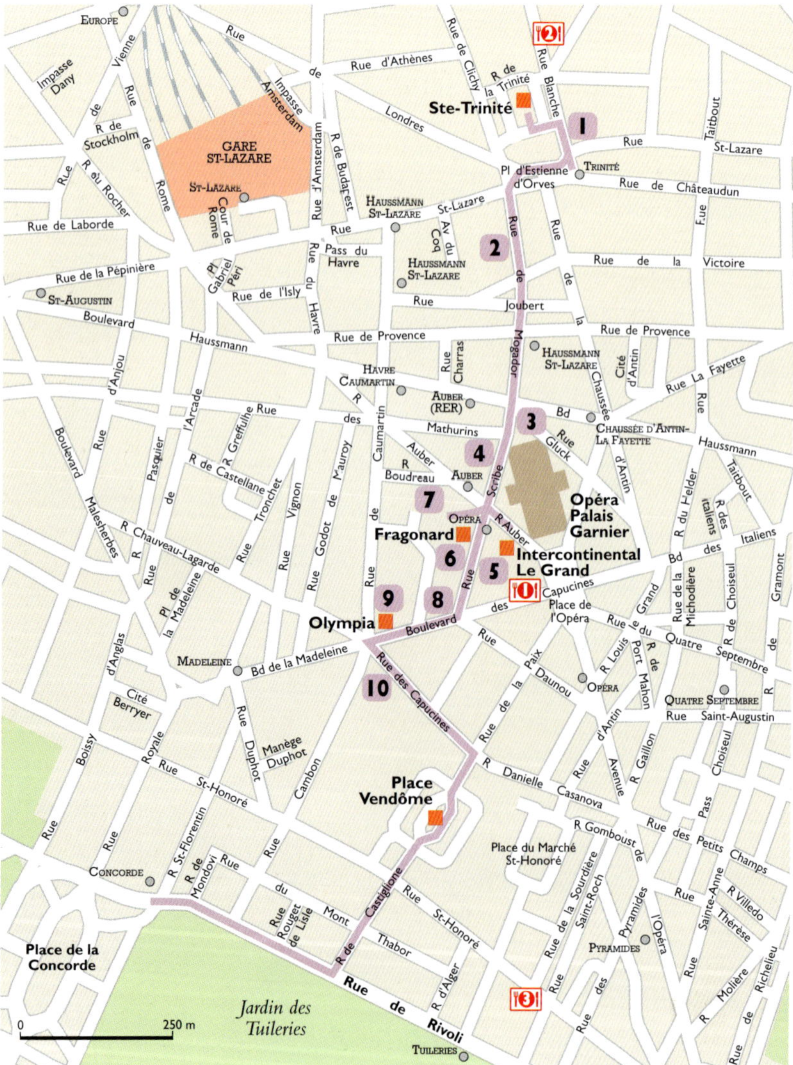

PÁGINA AO LADO: GALERIES LAFAYETTE

saguão de entrada, e, se quiser comprar ingresso, a bilheteria fica à direita.

OPÉRA PALAIS GARNIER;

DIARIAM 9h30-12h30 e 14h-18h (exceto em ocasiões especiais);TEL: 01 41 10 08 10

www.opera-de-paris.fr

4 Dê a volta na Ópera. À direita, ao sair, fica a entrada especial projetada para o imperador.

Um pavilhão se projeta da lateral do edifício e duas rampas levam até uma entrada decorada com uma escultura de uma grande águia, símbolo do Império para Napoleão I e seu sobrinho Napoleão III. A entrada foi projetada de modo que as carruagens entrassem dentro do edifício, o imperador descesse protegido do tempo, e a carruagem pudesse sair do outro lado. Cinquenta carruagens com cortesãos poderiam acompanhar a do rei sem congestionamento de trânsito. Uma estátua dourada do arquiteto da Ópera, Charles Garnier, fica nesta entrada. Ele também foi o autor do projeto do Cassino de Monte Carlo.

5 O Intercontinental Le Grand Hôtel está situado em frente a esta entrada. Diante da entrada do hotel na rue Scribe nº 9, fica o Musée Fragonard.

O Intercontinental Le Grand Hôtel foi construído ao mesmo tempo que a Ópera, para as pessoas que viajaram em grande estilo Paris, pelo novo sistema ferroviário, para visitar a Grande Exposição Mundial de 1867. Se você entrar, irá encontrar um espaçoso saguão onde poderá tomar um cafezinho ou chá neste elegante ambiente. No museu de perfumes você aprende como eles são feitos e pode admirar uma coleção de frascos extravagantes. O museu é gratuito e sua loja vende perfumes feitos na fábrica em Grasse, sul da França, por preços bem razoáveis.

6 Siga por uma passagem que sai da place Charles Garnier e dá para uma tranquila rua secundária de pedestres, a Impasse Sandrié.

À noite, os dois teatros escondidos nesta rua atraem bastante gente. Também há duas grandes estátuas aqui. Uma é do deus grego Apolo, sobre o cavalo alado da mitologia, Pégaso. Apolo segura sua lira, feita da carapaça de uma tartaruga. A outra estátua, do escultor Landowski, é do rei Eduardo VII, filho da rainha Vitória. Como príncipe de Gales, ele era grande apreciador da cidade de Paris, onde podia escapar da atmosfera sufocante da corte de sua mãe na Inglaterra. Um dos teatros daqui tem o seu nome.

7 Ao sair desta tranquila rua, vire à direita no boulevard des Capucines, e olhe para o outro lado da rua, um pouco à esquerda, para o nº 35.

Este edifício tem uma cumeeira vermelha triangular na sua moderna fachada de vidro. Foi aqui que teve lugar a primeira exposição dos impressionistas, no estúdio do fotógrafo Nadar (1820-1910). Na frente do edifício há uma placa com uma representação de Nadar, que foi a primeira pessoa a bater uma foto de um balão de ar quente.

8 Vire aqui à direita para ver o grande teatro de shows, o Olympia.

Neste teatro Edith Piaf apresentou um de seus últimos shows com a comovente canção *Je ne regrette rien* ("Não me arrependo de nada"). Ela morreu tragicamente, com apenas 48 anos, mas precocemente envelhecida por uma vida de tensão emocional e abuso de drogas.

9 Atravesse e desça o boulevard des Capucines. Vire à direita na rue da La Paix e entre na place Vendôme.

Esta elegante praça é obra do arquiteto Jules Hardouin Mansart (1646-1706), que também projetou a igreja des Invalides e a sala de espelhos de Versailles. Originalmente, ela foi construída em homenagem a Luís XIV, o Rei Sol, e havia uma estátua equestre dele no meio. Esta estátua foi derretida durante a Revolução e substituída mais tarde pela coluna que vemos hoje. Inspirada na de Trajano em Roma, esta coluna tem uma estátua de Napoleão no alto. É alta demais e perturba a harmonia original da praça. Note os raios de sol – símbolo de Luís XIV – nas sacadas das casas. À direita fica o Ritz Hotel, de Mohamed Al Fayed. O hotel está associado a nomes como Ernest Hemingway e Coco Chanel, cuja loja fica logo atrás, na rue Cambon. A princesa Diana e Dodie Al Fayed saíram da porta traseira do Ritz para sua fatal viagem de carro, em 1997.

LOJA DE CHOCOLATES

10 Saia da place Vendôme pela rue de Castiglione.

Lojas de luxo são a marca registrada desta rua. O famoso *chocolatier* Godiva fica à direita. Em frente, à esquerda, no nº 14, estão as atraentes vitrines de perfumes e sabonetes criados pela artesã perfumista Annick Goutal. Na esquina da rue de Castiglione com a rue de Rivoli fica o hotel Le Meurice. Charles Dickens ficou aqui no século 19, enquanto pesquisava para o romance que escreveu sobre os anos que antecedram a Revolução Francesa, *Conto de duas cidades*. Foi aqui também que estava aquartelado o general alemão Von Choltitz quando salvou Paris da destruição no final da Segunda Guerra Mundial. Hitler o havia instruído para deixar a cidade em ruínas antes de sair, mas ele teve suficiente coragem para desobedecer a essas ordens. Vire à direita na rue de Rivoli para chegar até a estação de metrô Concorde.

PASSEIO 14

O Triângulo de Ouro

Neste passeio você irá conhecer a metade oeste de Paris, com uma parada no Triângulo de Ouro, reduto das famosas casas de moda da cidade.

Napoleão quis criar um grande teatro ao ar livre, onde pudesse fazer exibições para celebrar suas vitórias militares. A avenue Champs-Élysées deveria ser o palco, e o Arco do Triunfo, o pano de fundo. No inicio da década de 1800 os bosques da parte oeste de Paris formavam uma suave colina, da Concorde até a Étoile. As ruas pequenas e íngremes no alto da parte direita, como a rue de Berry, foram terraplenadas. Isso criou uma encosta, o que significa que de qualquer lugar daqui você tem uma vista excelente. O único trajeto de Napoleão pelo Arco do Triunfo e descendo a Champs-Élysées foi feito a pé, quando seu caixão foi levado até Les Invalides. Na década de 1980, o presidente Mitterrand prolongou este eixo histórico até La Défense, o centro de negócios, que inclui La Grande Arche, embora este monumento seja dedicado às glórias da humanidade e não às militares. A Champs-Élysées ainda é o local oficial de desfiles de Paris, e entre os eventos regulares que abriga estão a parada militar de 14 de Julho, a Fête de la Musique em 21 de junho e a Maratona, em abril. Uma multidão se reúne aqui todo ano para ver os ciclistas na etapa final do Tour de France.

1 Comece na estação de metrô Tuileries. Ande pelos jardins, vire à direita é vá até a place de la Concorde.

O Jardin des Tuileries era o jardim real, construído diante do Palais de Tuileries no século 16. Desde o século 17, o público pode também apreciá-lo. *"Tuile"* significa "telha", e se refere aos fornos que assavam telhas para os telhados de Paris e ficavam aqui, na Idade Média. O palácio foi construído para a rainha Catarina de Médicis no século 16, mas foi incendiado durante a Comuna de Paris, em 1871. Você encontrará duas galerias de arte junto à place de la Concorde. A Orangerie, ao lado do rio, tem uma ótima coleção de pinturas impressionistas, que inclui o famoso quadro de Monet *As ninfeias*. Tem duas grandes salas ovais que compõem um ambiente perfeito para os nenúfares. No lado da rue de Rivoli, a Jeu de Paume abriga exposições temporárias de arte moderna. Há vários cafés no jardim, além de esculturas modernas.

2 Suba a rampa para ver a place de la Concorde do terraço que dá para a praça.

O terreno sobe aqui, pois era o lugar onde ficava a muralha da cidade antiga. A guilhotina ficava nesta praça na época da Revolução, quando cerca de 1.000 pessoas foram decapitadas em um ano (1793-4), inclusive o rei Luís XVI e a rainha Maria Antonieta. A guilhotina, apelidada de a "navalha nacional", deve seu nome ao doutor Guillotin, que ficou horrorizado ao ver que o artefato ganhara seu nome. Ele o concebera como uma maneira humana de despachar as pessoas, alegando que elas sentiriam apenas leves cócegas na nuca. Felizmente para ele, nunca precisou comprovar se isso de fato funcionava assim. No centro da praça fica o Obelisco proveniente de Luxor, presente do Egito para a França, que com seus 3.300 anos é o monumento mais antigo de Paris. O Arco de Triunfo é visível à distância.

ONDE COMER

Cafés no Jardin des Tuileries

1 PETIT PALAIS CAFÉ
avenue Winston Churchill
Tel: 01 53 43 40 00
No pátio do museu, entrada gratuita.

2 LE VICTORY
Avenue Franklin Roosevelt, 33
Tel: 01 43 59 47 33
Brasserie local, para almoço ou chá.

3 LADURÉE CHAMPS-ÉLYSÉES
Avenue des Champs-Élysées, 75
Tel: 01 40 75 08 75
Apareceu no filme *Maria Antonieta*, de Sophia Coppola.

3 Atravesse a praça e entre nos Jardins des Champs-Élysées do lado direito. Continue até chegar ao Palais de l'Élysée, à direita.

Champs-Élysées significa Campos Elísios, o paraíso da mitologia grega. Na primavera e no verão estes jardins, com

DISTÂNCIA	**3,5km**
DURAÇÃO	**3 horas**
INÍCIO	**Estação de metrô Tuileries**
TÉRMINO	**Estação de metrô Charles de Gaulle Étoile**

suas belas flores, são de fato paradisíacos. Alguns portões esplêndidos permitem apreciar a vista do Palácio do Eliseu, residência oficial do presidente da França, e dos seus jardins. Fora dos portões, nos jardins públicos em volta, há uma pequena estátua em homenagem a Jean Moulin (1899-1943), líder da Resistência Francesa durante a ocupação alemã, e uma curiosa estátua do presidente Pompidou emergindo de um canteiro de flores. Para ver o pátio desta majestosa residência, ande pela avenue de Marigny à sua direita e dê a volta até a frente.

4 Pare na esquina da avenue de Marigny com a Champs-Élysées. Ache a melhor posição para apreciar a linda vista da cúpula dourada de Les Invalides.

Les Invalides foi erguido como hospital militar para Luís XIV, e é onde está enterrado Napoleão (ver Passeio 16). A ponte ornamentada é a Pont Alexandre III, e os dois grandes palácios de exposições, com decoração Belle Époque, são o Petit Palais e o Grand Palais, construídos para a Exposição Mundial de 1900, assim como a ponte. O Petit Palais (à sua esquerda) tem uma grande e variada coleção de arte, de vasos gregos a quadros impressionistas, e a visita é gratuita. O Grand Palais (à sua direita) abriga exposições temporárias. Tem uma magníficia cúpula de metal e vidro, que era uma maravilha da engenharia na época. É grande o suficiente para abrigar a catedral de Notre-Dame. Duas estátuas são visíveis deste ponto. À sua direita fica a do general de Gaulle, em pé, em pose imponente, e à esquerda a do primeiro-ministro Clemenceau, usando capa militar e parecendo emergir das trincheiras das Primeira Guerra Mundial.

5 Ande pela lateral do Grand Palais, na avenue du Gen. Eisenhower. Vire à esquerda na avenue Franklin Roosevelt para encontrar a entrada do Palais de la Découverte.

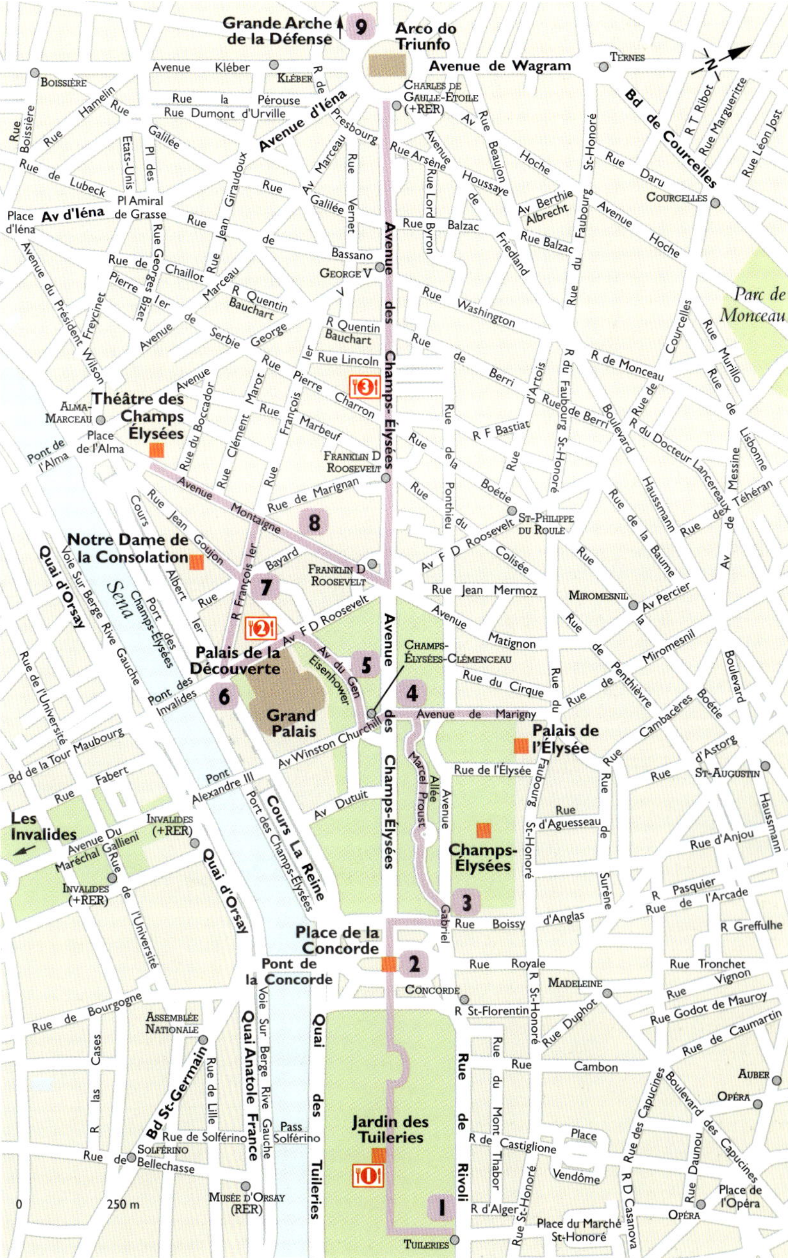
Grande Arche de la Défense
9
Arco do Triunfo
Avenue de Wagram
Ternes
N
Avenue Kléber
Kléber
Boissière
Rue la Pérouse
Rue Dumont d'Urville
Rue de Presbourg
Avenue d'Iéna
Charles de Gaulle-Etoile (+RER)
Bd de Courcelles
R T Ribot
Rue Margueritte
Rue Léon Jost
Rue Boissière
Rue Hamelin
Rue Galilée
Pl des Etats-Unis
Av Marceau
Rue Vernet
Rue Arsène Houssaye
Avenue de Friedland
Rue Beaujon
Av Hoche
Rue du Faubourg St-Honoré
Rue Daru
Courcelles
Avenue Hoche
Rue de Lubeck
Pl Amiral de Grasse
Place d'Iéna
Av d'Iéna
Rue Jean Giraudoux
Rue Galilée
Rue Lord Byron
Rue Balzac
Av Berthie Albrecht
Rue Balzac
Rue de Bassano
George V
Rue de Chaillot
Rue Georges Bizet
Avenue du Président Wilson
Pierre Ier de Serbie
Avenue Marceau
R Quentin Bauchart
Avenue George V
Rue Freycinet
Rue Washington
Parc de Monceau
Rue de Courcelles
Rue Murillo
Rue de Lisbonne
R Quentin Bauchart
Rue Lincoln
Rue de Berri
R de Monceau
R d'Artois
R du Faubourg St-Honoré
Rue de Berri
Théâtre des Champs Élysées
Alma-Marceau
Place de l'Alma
Pont de l'Alma
Avenue du Boccador
Rue Clément Marot
Rue Pierre Charron
Rue François Ier
Rue Marbeuf
Avenue des Champs-Élysées
R F Bastiat
Boulevard Haussmann
R du Docteur Lancereaux
Rue de Messine
Av de Téhéran
Franklin D Roosevelt
Rue de Marignan
Rue de la Boétie
Rue de Ponthieu
Rue du Colisée
St-Philippe du Roule
Rue de la Baume
Rue de Téhéran
Avenue Montaigne
8
Cours Albert Ier
Rue Jean Goujon
Av F D Roosevelt
Notre Dame de la Consolation
Quai d'Orsay
Voie Sur Berge Rive Gauche
Sena
Port des Champs-Élysées
Rue Bayard
Franklin D Roosevelt
7
R François Ier
Rue Jean Mermoz
Miromesnil
Av Percier
Rue La Boétie
Avenue Matignon
Av F D Roosevelt
2
Av du Gen Eisenhower
5
Champs-Élysées-Clémenceau
Rue de Miromesnil
Rue de Penthièvre
Rue du Cirque
Rue de Penthièvre
Palais de la Découverte
Avenue des Champs-Élysées
Rue de l'Université
Pont des Invalides
6
Grand Palais
4
Avenue de Marigny
Palais de l'Élysée
Rue Cambacères
Boulevard Malesherbes
Rue d'Astorg
St-Augustin
Bd de la Tour Maubourg
Av Winston Churchill
Allée Marcel Proust
Avenue Gabriel
Rue de l'Élysée
Rue du Faubourg St-Honoré
Rue de la Ville l'Évêque
Rue Fabert
Pont Alexandre III
Port des Champs-Élysées
Av Dutuit
Rue d'Aguesseau
Boulevard Haussmann
Les Invalides
Invalides (+RER)
Avenue Du Maréchal Gallieni
Cours La Reine
Champs-Élysées
Rue d'Anjou
Invalides (+RER)
Rue de l'Université
Quai d'Orsay
3
Rue de Surène
R Pasquier
Rue de l'Arcade
Rue Boissy d'Anglas
R Greffulhe
Place de la Concorde
Pont de la Concorde
2
Rue Royale
Rue Tronchet
Rue Vignon
Concorde
R St-Honoré
Madeleine
Rue Godot de Mauroy
Rue de Bourgogne
Assemblée Nationale
Quai Anatole France
Voie Sur Berge Rive Gauche
Quai des Tuileries
R St-Florentin
Rue Duphot
Rue de Caumartin
Rue de Rivoli
Rue du Mont Thabor
Rue Cambon
Auber
Rue las Cases
Bd St-Germain
Rue de Lille
Opéra
Boulevard des Capucines
Rue des Capucines
Rue de Solférino
Pass Solférino
Jardin des Tuileries
R de Castiglione
Place Vendôme
Solférino
Rue de Bellechasse
1
Rue Daunou
Place de l'Opéra
Opéra
0 250 m
Musée d'Orsay (RER)
1
R d'Alger
Rue St-Honoré
Place du Marché St-Honoré
R D Casanova
Tuileries

Este museu é dedicado a uma abordagem dinâmica e interativa da ciência. Ele tem exposições temporárias e um planetário.

PALAIS DE LA DÉCOUVERT;
DIARIAM 9h30-18h; TEL: 01 56 43 20 21;
(o planetário fecha seg);
www.palais-decouverte.fr

6 Atravesse a avenue Franklin Roosevelt e vire à direita na rue François I. Numa linda praça com uma fonte, vire à esquerda na rue Jean Goujon e pare na capela Notre-Dame de la Consolation.

Esta capela é uma homenagem às 125 pessoas que morreram num incêndio no Bazar de Caridade, um edifício que ficava neste local, em 1897. Uma vitrine pegou fogo, não havia saídas de incêndio, e as damas aristocráticas que compareceram ao evento tiveram dificuldades adicionais em escapar devido aos seus volumosos vestidos, em moda na época. Muitas das mulheres que morreram eram de famílias ricas, que mais tarde financiaram a construção da capela em sua memória. Este terrível evento levou ao início da técnica de identificação de cadáveres por meio dos registros dentários.

7 Volte à place François I e vire à esquerda na rue François I. Pare na avenue Montaigne.

Esta parte da cidade é chamada de "Triângulo de Ouro" pela sua grande concentração de lojas de luxo. Percorra a rua e verá vitrines de muitas lojas de renome mundial. Vire à esquerda e encontrará Dior, Prada, o hotel de luxo Plaza Athénée, onde muitas celebridades

se hospedam, e o Théatre Champs-Elysées, onde há espetáculos de música, ópera e dança. O projeto simples desta estrutura Art-Déco, com sua fachada de mármore e deuses gregos dançando, estava à frente de seu tempo quando foi executado em 1911. O dançarino russo de balé Vaslav Nijinski (1890-1950) chocou o público com sua sugestiva coreografia aqui, e Josephine Baker (1906-1975), conhecida como a Pérola Negra, dançou seminua, trajando apenas um cacho de bananas. No final da rua fica o Túnel Alma, onde a princesa Diana e Dodi Al Fayed morreram num acidente de carro em 1997. Na direção oposta ficam a Chanel e outras lojas de grife.

8 Siga pela avenue Montaigne de volta à Champs-Elysées, pare na rotatória Rond Point e admire as plantas, que são trocadas todo mês. Suba pela Champs-Elysées até o Arco do Triunfo. O arco é acessível por uma passagem subterrânea do lado direito da Champs-Élysées.

O Arco do Triunfo foi encomendado por Napoleão como monumento ao exército, mas ficou inacabado enquanto ele viveu. Quando ele se casou com Maria Luísa da Áustria, em 1810, foi feita uma maquete de lona para que ele marchasse por baixo! A estátua que decora a parte direita do arco (uma figura feminina liderando um grupo de soldados), do escultor François Rude, é *La marseillaise,* nome do hino nacional da França. Na base do arco fica o túmulo ao Soldado Desconhecido. Ele tem uma chama sempre ardendo, renovada toda noite numa cerimônia, às

POSTE DE LUZ DECOARATIVO

18 horas. Você pode subir até o topo, de onde terá uma linda vista das avenidas que levam até o arco. Elas formam uma estrela, o que dá à praça seu belo nome: Place de l'Étoile.

9 Do Arco do Triunfo você pode ver à distância o imenso e moderno Arche de la Défense, logo à saída de Paris, no bairro de negócios, cheio de arranha-céus. Se pegar a Linha 1 da estação Charles de Gaulle Étoile são 15 min até La Défense. Desça no Grande Arche de la Défense para visitar o arco.

Este arco, escolhido pelo presidente Mitterrand, lembra o Arco do Triunfo de Napoleão, mas celebra as glórias da humanidade e não as militares. É grande o suficiente para abrigar o edifício dos Invalides. Você pode pegar um elevador até o alto e apreciar a vista espetacular.
GRANDE ARCHE DE LA DÉFENSE;
DIARIAM; TEL: 01 49 07 27 27

PÁGINA SEGUINTE: INTERIOR DA OPÉRA, PASSEIO 13

PASSEIO 15

As pontes de Paris

Subindo o Sena contra a corrente, em direção ao centro histórico de Paris, este romântico trajeto oferece vistas espetaculares das suas pontes.

O nome do rio Sena se origina do termo latino *sequana,* que significa serpente. O sinuoso Sena é uma artéria pulsante, carregando o sangue vital que alimenta Paris há mais de 2 mil anos. Suas margens são acessíveis durante o ano todo e no verão e no outono ficam cheias de banhistas e de gente fazendo piquenique ou que vem passear, atraída de modo irresistível para a beira d'água. Sob o brilho dourado do pôr-do-sol e, de novo, depois que anoitece, o rio espelha a luz que emana dos monumentos às suas margens, refletindo a mudança de atmosfera conforme termina o agito do dia de trabalho e a cidade passa a curtir *apéritifs* à margem do rio e jantares ao ar livre. Tendo sua foz em Le Havre, na Normandia, o Sena, com 776km, é o segundo rio mais extenso da França. Desde as origens de Paris até o Renascimento, o rio foi considerado a rota mais segura para atravessar a França, e foi usado por mercadores, fabricantes e pela realeza como rota preferencial para ir de um ponto a outro. Hoje, ainda é usado com fins comerciais e de lazer. Enquanto estiver em Paris, faça um cruzeiro pelo Sena no seus *bateaux mouches*, que saem da frente da Torre Eiffel, ou então um passeio em uma das *navettes du Pont Neuf*, que partem da Pont Neuf.

1 Saindo da estação de metrô Invalides, ande até a Pont Alexandre III e atravesse-a.

A Ponte Alexander III, uma das primeiras estruturas pré-fabricadas do mundo, é feita com seções de aço laminado e moldado, produzidas na famosa usina Creusot e trazidas a Paris de barco. Foi um triunfo técnico, e seu vão único levou apenas 200 dias para ser montado. A ponte foi construída para melhorar o acesso à Margem Esquerda durante a Exposição Mundial de 1900. Alexandre III colocou a primeira pedra em 1896 como parte da aliança entre a França e a Rússia após a Guerra Franco-Prussiana. A exuberante decoração é alegórica, com barcos e ninfas do rio representando o rio Sena e o rio Nievá, na Rússia.

2 Depois de cruzar a ponte você chega à estátua de Churchill. Vire à direita no cours la Reine e pare na Pont de la Concorde para apreciar a vista espetacular, antes de voltar para a Margem Esquerda.

À sua frente, o edifício da Assemblée Nationale reflete uma imagem em espelho da igreja da Madeleine, no lado oposto da place de la Concorde. Esses dois edifícios remontam à era de Napoleão I. A Assembleia Nacional é a sede da Câmara dos Deputados do Parlamento francês. As leis são votadas aqui e o edifício era chamado de Templo da Lei. Até o início do século 18, só era possível atravessar o rio neste ponto de barco. A tão necessária ponte foi construída durante a Revolução, com a reutilização de blocos de pedra cortada resgatados da demolição da Bastille. A ponte foi alargada em 1931 e oferece vistas belíssimas tanto a leste como a oeste do rio.

DISTÂNCIA 3,5km

DURAÇÃO 2h30min (sem incluir a visita ao interior do Musée d'Orsay)

INÍCIO Estação de metrô Invalides

TÉRMINO Estação de metrô Odéon

3 Ande pela rue Aristide Briand, que corre ao longo da Assembleia Nacional. Pare na pequena place du Palais Bourbon.

Belíssimas mansões do reinado de Luís XVI cercam esta charmosa e elegante praça. A estátua no centro é uma alegoria da Lei, e a praça deriva seu nome da casa que ficava no local agora ocupado pela Assemblée Nationale. A casa menor à esquerda é chamada de Hôtel de Lassay, e é a residência oficial do presidente da Assembleia Legislativa. A Assembleia é composta pelo presidente e por mais 577 deputados, que são eleitos entre os diversos partidos políticos franceses.

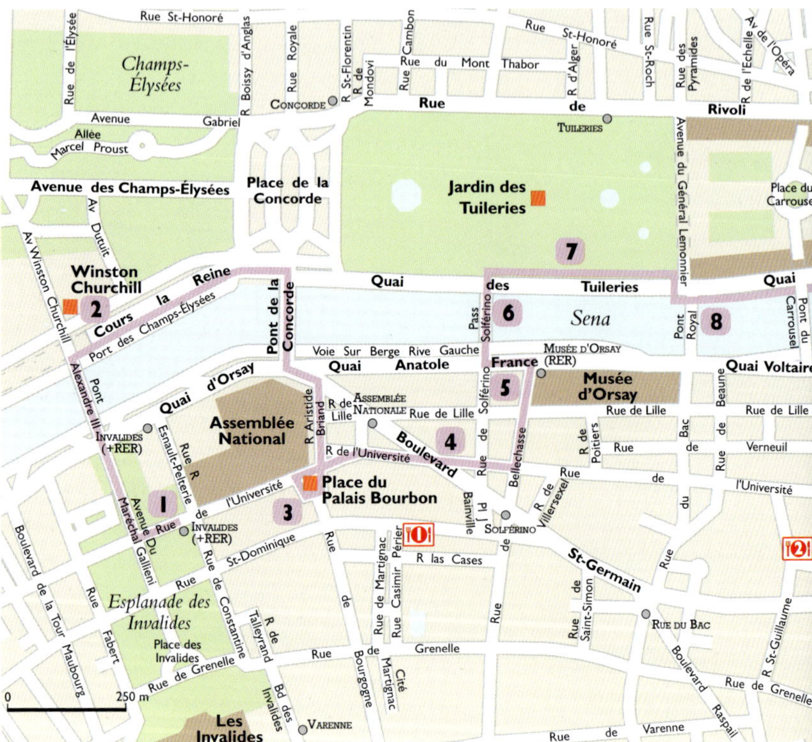

4 Saia da praça pegando a rue de l'Université, e depois a rue de Bellechasse à esquerda. A bonita mansão à esquerda do Musée d'Orsay é o Musée de la Légion d'Honneur.

O edifício do Museu da Legião de Honra foi construído por um príncipe alemão que foi à falência, vendeu a casa, e depois a alugou. Em 1795, a propriedade foi colocada como prêmio de uma loteria, ganha por um fabricante de perucas que passou a se autoproclamar marquês. Ele foi mais tarde preso por falsificação, mas fugiu e sumiu sem deixar vestígios.

5 Continue até o Musée d'Orsay.

Este edifício teve uma história longa e acidentada antes de virar o mais apreciado museu da cidade. Em 1900, havia planos para aproveitar o edifício como um salão de exposições para a Exposição Mundial de 1900. O escultor Rodin recebeu a encomenda de criar uma grande entrada para este Palais des Beaux-Arts, e fez a hoje famosa *Porta do Inferno*. O projeto foi abandonado e em seu lugar foi construída uma estação ferroviária, tendo à frente um luxuoso hotel. A estação Orsay foi projetada para trens a vapor, mas quando estes foram substituídos por trens elétricos suas plataformas não eram longas o suficiente e não havia mais espaço para estender a estação. Ela ficou mais ou menos abandonada até que em 1977 decidiu-se criar um museu dedicado ao século 19, preenchendo assim o vácuo entre as coleções do Louvre e as do Centre Pompidou. Ironicamente, a *Porta do Inferno* de Rodin acabou vindo parar no lugar para o qual havia sido originalmente concebida. A *Olympia*, de Manet, o *Moulin de la Galette*, de Renoir, a escultura da pequena dançarina de Degas, *La petite danseuse de 14 ans*, o *Retrato da mãe do pintor,* de Whistler, e o *Autorretrato,* de Van Gogh, são algumas das obras-primas aqui expostas. O restaurante, localizado no suntuosamente decorado salão do antigo hotel, é esplêndido. Se visitar o museu, não deixe de ver o salão de baile com sua decoração exuberante. As grandes esculturas de animais selvagens na entrada principal decoraram

ONDE COMER

1 LE BASILIQUE
Rue Casimir Perrier, 2
Tel: 01 44 18 94 64
Cozinha tradicional francesa.

2 ELLYS ISLAND COFFEE
Rue Perronet, 5
Tel: 01 40 49 08 08
Lanches e brunch.

a esplanada do Trocadéro na Exposição Universal de 1878.

MUSÉE D'ORSAY; TER-QUA E SEX-DOM 9h30-18h ,QUI 9h30-21h45; TEL: 01 40 49 48 14 www.musee-orsay.fr

6 Percorra o quai Anatole France até a Pont de Solferino. Atravesse a ponte para pedestres.

Bancos muito bem colocados permitem vistas do Sena, especialmente lindas ao pôr do sol. Inaugurada em 1999, a ponte atravessa o rio num arco único de metal que mede 106m. Sua superfície é feita de madeira tropical, o que causou controvérsias.

7 A ponte leva você até o Jardin des Tuileries.

Aqui você pode fazer uma parada para visitar o jardim ou comer ou beber algo no salão de chá do local. O jardim é um museu de esculturas a céu aberto, onde se exibem obras modernas. O nome Tuileries refere-se às fábricas de telhas que ficavam aqui antigamente. As telhas de Paris eram feitas de argila escavada do leito do rio Sena.

8 Saia do jardim, atravesse o quai des Tuileries e desça as escadarias junto à Pont Royal até o nível do rio. Ande para leste passando por baixo da Pont du Carrousel e ao longo do cais até os degraus imediatamente após a Pont des Arts. Suba a escada para cruzar a ponte.

A ponte se estende pelo Sena em nove arcos separados; disso resultou um grande número de píeres de apoio para os arcos, o que causou vários acidentes de barco e sérios danos à ponte. Foi a primeira ponte de ferro de Paris, construída em 1804 como travessia de pedestres. Seu nome vem do Louvre, que fica logo ao lado, já que este era chamado de Palais des Arts quando a ponte foi construída. A ponte foi muito danificada durante a Primeira e a Segunda Guerra Mundial, depois em janeiro de 1961, quando um barco danificou o quinto arco, e em abril de 1970, quando um rebocador destruiu o sexto. O engenheiro-chefe de Paris advertiu que a ponte poderia não resistir a um novo incidente, a não ser que fosse restaurada, e provou ter razão quando mais da metade da ponte desabou ao ser atingida por uma barcaça em 1979. A ponte atual é fruto de uma reconstrução concluída em 1984. A vista daqui é espetacular. Em uma das extremidades, vê-se o Institut de France. Passe pela arcada do lado direito do edifício e siga pela rue Mazarine sempre em frente, até chegar à estação de metrô Odéon.

PASSEIO 16

Glórias militares

Descubra o centro miltar da cidade em volta de Les Invalides e passeie pelas suas elegantes avenidas, com nomes de ilustres heróis de guerra.

Após as muitas guerras do século 17, soldados velhos, feridos ou aposentados acabavam mendigando ou perdidos pelo campo como vagabundos. Luís XIV teve um gesto único para este período e construiu um hospital e um quartel para soldados aposentados. Ele escolheu esta área como local do seu monumental hospital militar por causa de suas planícies abertas, situadas fora dos limites da cidade. O espetacular edifício destinava-se também a aumentar a reputação do rei e glorificar sua grandeza militar. O Hôtel des Invalides foi construído em três anos, e inaugurado em 1674. Cerca de 5 mil soldados velhos e inválidos se mudaram para cá junto com funcionários, médicos e sacerdotes. Estes pensionistas acabaram conhecidos como *grognards* ou "reclamões", mas devem ter gostado de ficar, pois ao final do reinado de Luís XIV havia cerca de 7 mil morando aqui. Depois da construção de Les Invalides, o bairro ganhou prestígio e apareceram mais mansões bonitas. Muitos dos ministérios mais importantes da França, como o da Defesa, ficam aqui. O Hôtel Matignon, residência oficial do primeiro-ministo francês, fica na rue de Varenne, onde começa nosso passeio.

1 Da estação de metrô Varenne ande pelo boulevard des Invalides e vire à esquerda na rue de Varenne. Pare em frente ao Musée Rodin, no nº 77.

As esculturas de Rodin *Os burgueses de Calais* e *O pensador* podem ser vistas da parte externa do museu. O belo Hôtel Biron, hoje o museu, foi construído por um homem que fez fortuna com perucas. No século 19, Rodin alugou parte do edifício como local de exposição de suas esculturas em grande escala. Isadora Duncan teve uma escola de dança aqui, e Rodin fez vários estudos das dançarinas. Quando Rodin morreu, a cidade herdou sua obra com a condição de criar um museu para ela. Muitas das peças são exibidas nos jardins, onde há uma agradável cafeteria. Peças menores e aquelas da amante de Rodin, Camille Claudel, são mostradas dentro da casa. Quando a relação entre os dois terminou, Camille teve um esgotamento nervoso; ela destruiu a maior parte de sua obra e passou os últimos 30 anos de sua vida num manicômio.

MUSÉE RODIN; TER-DOM 9h30-16h30; TEL: 01 44 18 61 10 www.musee.rodin.fr

2 Volte até o bulevar e atravesse-o. Siga as grades de Les Invalides em direção à alta cúpula dourada de 106m e entre pelo pequeno portão lateral.

A cúpula faz parte da igreja St.-Louis, também chamada de Église du Dôme. Ela foi construída por Jules Hardouin--Mansart, principal arquiteto de Versailles. É preciso ter ingresso do museu para visitar o interior, onde você pode apreciar o magnífico túmulo feito para o retorno do corpo de Napoleão, em 1840. Há uma grande cavidade entre a cúpula exterior e a interior, e durante a ocupação de Paris a Resistência Francesa usou este espaço para esconder pilotos aliados que haviam feito aterrissagens forçadas sob o nariz dos alemães. Eles podiam então ser contrabandeados para a "França livre".

LES INVALIDES; DIARIAM 9h-19h; TEL: 01 44 42 38 77 www.invalides.org

ONDE COMER

1 GRAND CORONA
Place de l'Alma, 3
Tel: 01 47 20 70 27
Lanches, refeições e chás.

2 LE VAUBAN
Place Vauban, 7
Tel: 01 47 05 52 67
Brasserie tradicional.

3 APOLLON
Rue Jean Nicot, 24
Tel: 01 45 55 68 47
Restaurante grego autêntico, para sentar e comer ou levar para casa.

3 Ande pelo caminho do lado esquerdo da igreja. Você vai passar pela cafeteria, pela bilheteria e pela loja de livros e presentes, até chegar à "Cour d'Honneur".

Este magnífico pátio lembra claustros de mosteiro porque, antes da construção

DISTÂNCIA **3km**

DURAÇÃO **2h30min**

INÍCIO **Estação de metrô Varenne**

TÉRMINO **Estação de metrô Alma Marceau**

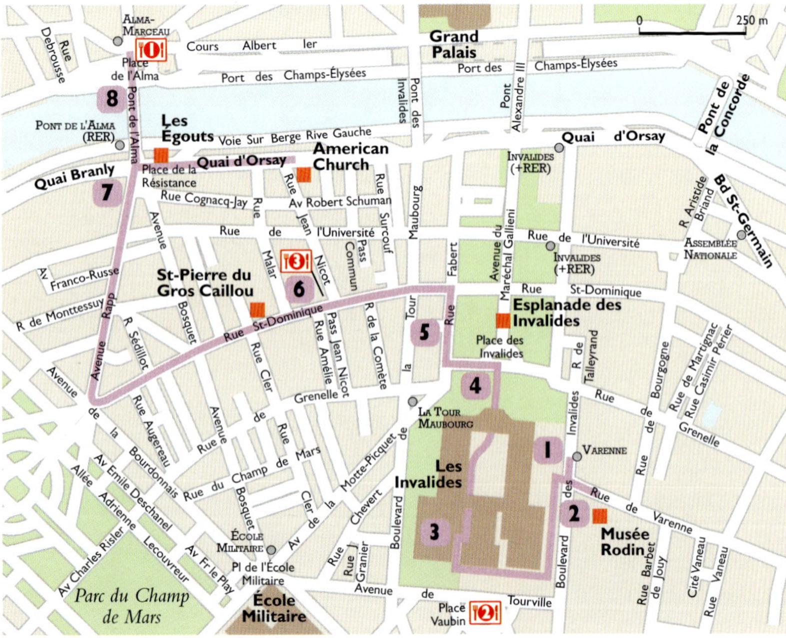

de Les Invalides, os monges eram os principais provedores de cuidados médicos. O pátio com arcadas é rodeado de canhões, muitos deles capturados em batalha, e o mais antigo deles é do século 13. As quatro fachadas são decoradas com troféus militares representando armas capturadas e armaduras. Embaixo do relógio no lado sul fica *Le petit caporal*, uma estátua de Napoleão. Seus homens gostavam de lembrá-lo como um líder militar, não como imperador. Atrás dela fica a entrada para a igreja do Soldado; não é preciso ingresso. A igreja é muito clara e decorada com bandeiras e outros adereços militares. Atrás do altar, note o baldaquino cerimonial acima da entrada do túmulo de Napoleão, na igreja adjacente.

4 Saia do pátio pelo portal principal da face norte e ande até a esplanada de Les Invalides.

A esplanada oferece uma vista espetacular do Sena, da Ponte Alexander III e do

Grand e do Petit Palais. Ao passar pelo arco principal, olhe para trás e admire Marte e Atena, deus e deusa da Guerra, guardando cada lado da entrada. As águas-furtadas são esculpidas como armaduras, os arbustos são podados em forma de concha e há um fosso seco do lado externo da saída principal. Durante o século 18 guardavam-se armas aqui, e em 14 de julho de 1789 os revolucionários pegaram 28 mil rifles e seguiram então para a Bastille atrás de pólvora.

5 Vire à esquerda pela place des Invalides e à direita pela rue Fabert, depois pegue a segunda à esquerda e percorra a rue St-Dominique.

Esta é uma agitada rua de lojas de artigos de luxo, e combina bem com este bairro refinado. No nº 92 fica uma igreja chamada St-Pierre-du-Gros-Caillou, ou "São Pedro da Grande Pedra". A área é conhecida como Gros Caillou por causa de uma grande pedra em frente à igreja, que antigamente assinalava o limite da abadia de St.-Germain-des-Prés, proprietária das terras daqui até o século 17. A igreja é do início do século 19. No nº 129 uma bela fonte de 1806 mostra Higeia, deusa da Saúde, cuidando do deus da guerra, Marte. Originalmente, a água era bombeada até a fonte por uma máquina a vapor destinada a fornecer água para a vizinha École Militaire e para Les Invalides.

6 Continue pela rue St-Dominique até a avenue Rapp, vire à direita na avenida e ande em direção ao Sena. Pare no nº 29 para admirar a extraordinária fachada Art Nouveau.

Esta era a casa de um ceramista chamado Bigot, e foi construída pelo arquiteto Jules Lavirotte (1864-1924). O edifício é uma moderna estrutura de concreto decorada com cerâmica de Bigot. Os

motivos são tipicamente Art Nouveau, mas também seguem o estilo do arquiteto – formas sensuais de animais e plantas se misturam com seu subversivo senso erótico.

7 Ande até o Sena, virando à direita ao longo da margem do rio até chegar à entrada de Les Égouts, os esgotos de Paris.

Os esgotos ficam abertos ao público e são uma visita interessante, embora você deva evitar fazê-la em épocas muito quentes, quando a atmosfera pode ficar sufocante. Foram construídos por um engenheiro chamado Belgrand durante a grande reurbanização de Paris, entre as décadas de 1850 e 1860. Até esta época, o esgoto não tratado era despejado no Sena, que era também a principal fonte de água potável da cidade. Em 1852, uma epidemia de cólera matou 30 mil pessoas, pressionando o governo a adotar novas medidas de higiene. O Museu dos Esgotos é, na verdade, uma parte operante do sistema, e conta aqui com uma equipe de trabalhadores da rede. Há uma mostra audiovisual sobre o funcionamento atual do sistema, e um pequeno folheto incluído no ingresso orienta sua visita. Na loja há uma variedade bem incomum de presentes! No lado sul do quai d'Orsay fica a igreja Americana, na esquina da rue Jean Nicot. Esta rua tem o nome do embaixador francês responsável por trazer o tabaco para a França na década de 1560. Ele deu nome também à nicotina.

LES ÉGOUTS; DIARIAM 11h-16h (Fecha aos feriados e quando o Sena inunda); TEL: 01 53 68 27 81 www.paris.fr

CHAMA DA LIBERDADE, MONUMENTO NÃO OFICIAL A DIANA

8 Atravesse a Pont de l'Alma em direção à place de l'Alma.

A ponte oferece esplêndidas vistas dos lados leste e oeste da cidade. Os chamados *bateaux mouches*, barcos de cruzeiro, saem da Margem Direita da ponte. O cruzeiro leva cerca de uma hora e é um jeito relaxante de conhecer Paris, especialmente à noite. A chama dourada do lado esquerdo é uma cópia exata da sustentada pela Estátua da Liberdade de Nova York, e foi presente do jornal *Herald Tribune* à cidade. A estátua original foi feita na França pelo escultor Bartholdi (1834-1904) e mais tarde presenteada aos Estados Unidos. A chama fica em cima da passagem subterrânea onde a princesa Diana morreu, e virou um monumento não oficial à sua memória.

PONT ALEXANDRE III E L'EGLISE DU DOME

PASSEIO 17

A Dama de Ferro de Paris

O tradicional símbolo de Paris – a Torre Eiffel – fica em meio a espaços abertos, parques e jardins, num passeio que é um sopro de ar fresco.

Esta área foi usada para as Exposições Universais, realizadas a cada 11 anos entre 1855 e 1937. A última delas teve como pano de fundo as pesadas nuvens da Segunda Guerra Mundial. Na época, dois pavilhões imensos e ameaçadores, o da Rússia e o da Alemanha, erguiam-se nos Jardins du Trocadéro, de cada lado das atuais fontes. Estas deslumbrantes exposições universais eram organizadas para mostrar ao mundo que a França era pelo menos uma nação politicamente estável e com forte industrialização. Prova disso eram as magníficas mostras de arte, indústria e engenharia. E o que poderia ser mais adequado para atestar a força industrial da França do que a torre mais alta do mundo? Em 1889 foi inaugurada a Torre Eiffel, que se ergue a 304m de altura. Esta incrível realização atraiu 32 milhões de pessoas, e Paris teve que modernizar sua infraestrutura para poder lidar com o fluxo de visitantes. Surgiram novas ruas, o metrô, pontes, ferrovias, hotéis, restaurantes e até cabarés. A cidade ainda tem vestígios dessas exposições universais na forma de edifícios, esculturas e monumentos, mas nenhum deles é mais espetacular do que a Torre Eiffel.

1 Comece o passeio pela estação de metrô Trocadéro.

A praça oferece uma vista magnífica do sul de Paris, e uma inesquecível visão da Torre. O nome *Trocadéro* deriva de um forte espanhol perto de Cádiz, tomado pelos franceses em 1823.
No centro da praça fica uma estátua equestre do marechal Foch, erigida em 11 de novembro de 1951 para o 33º aniversário do armistício de 1918, e para celebrar o centenário de nascimento do marechal. No muro à esquerda há uma monumental escultura chamada *A glória do exército francês*. Foi criada pelo escultor Landowski (o mesmo que fez a colossal figura do Cristo Redentor no Rio de Janeiro) e inaugurada em 1956. As duas alas curvas do Palais de Chaillot foram projetadas com um terraço central que se abre numa plataforma panorâmica. O palácio, construído em 1937, é hoje a sede do Musée de l'Homme (Museu da Humanidade) e do Musée de la Marine (Museu Naval).

2 Atravesse a place José Martí, seguindo para a direita, e pegue a rue du Commandant Schlœsing. Entre no Cimetière de Passy.

Reserve um tempinho para passear por este pequeno cemitério. Os elegantes túmulos são um bom local de descanso para os refinados habitantes deste bairro. Procure o de um dos pioneiros da aviação, Henry Farman, mostrado com as mãos no manche. Veja o túmulo piramidal do conde de Las Cases, que acompanhou Napoleão em seu exílio em Santa Helena, ajudando-o a escrever suas memórias. O pintor Manet (1832-1883) e sua cunhada, a pintora Berthe Morisot, também estão enterrados aqui, assim como os compositores Fauré e Debussy. Pegue uma planta do cemitério, com os locais mais destacados, na entrada principal.

PÁGINA AO LADO: TORRE EIFFEL

DISTÂNCIA 4km

DURAÇÃO 3 horas

INÍCIO Estação de metrô Trocadéro

TÉRMINO Estação de metrô École Militaire

3 Saia do cemitério, em direção à ala oeste do Palais de Chaillot, hoje um museu. Dê a volta no museu até os jardins e desça a encosta em direção ao Sena e à Pont d'Iéna.

Estes lindos jardins são um labirinto de caminhos sinuosos, lagos e fontes. Os tanques da fonte principal separam o jardim principal dos laterais; quando estão jorrando, as fontes são encantadoras, especialmente iluminadas à noite. O aquário de 1937, na parte leste do jardim, foi reformado e é espetacular, mas o ingresso é caro.

4 Caminhe até o meio da Pont d'Iéna, parando para ver as fabulosas vistas, tanto a leste como a oeste.

A ponte tem o nome de uma vitória de Napoleão em 1806 e encara diretamente a École Militaire, atrás da Torre Eiffel, onde o imperador recebeu treinamento quando jovem. A ponte atravessa o Sena por meio de cinco vãos de 28m, assentados em quatro píeres. As laterais são decoradas com águias napoleônicas. Durante o cerco de Paris, os prussianos acharam que o nome Iéna trazia más lembranças; por isso rebatizaram a ponte e removeram as águias. Durante o reinado de Luís Filipe, voltaram o nome original da ponte e as esculturas.

5 Continue sempre em frente até chegar à Torre Eiffel.

É comum haver longas filas. Se for subir até o alto da Torre, escolha a hora do almoço ou à noite. Reserve pelo menos uma hora e meia para a visita, mais ainda em dias movimentados. Um pequeno museu no primeiro andar conta a história da Torre. Você pode ir de elevador ou a pé até o primeiro ou o segundo andares, e depois de elevador até o alto. Os ingressos são separados para cada andar. O passeio até o alto é gratuito para quem agenda almoço no Altitude 95, o restaurante no primeiro andar. O restaurante Le Jules Verne fica no segundo, 700 degraus acima do primeiro, a 115m; reserve mesa junto à janela. No térreo há lanches e suvenires.
TORRE EIFFEL; DIARIAM 9h30-23h, 1 JAN-14 JUN e 2 SET-31 DEZ; 9h30-24h45, 15 JUN-1 SET www.tour-eiffel.fr

6 Ande embaixo da Torre, parando para ver a estátua de Eiffel feita pelo escultor Bourdelle, e olhe para cima para admirar a estrutura. Atravesse o Parc du Champ de Mars até a École Militaire.

O parque é ladeado pela avenue de Suffren de um lado, e pela avenue de la Bourdonnais do outro, onde ficam os endereços mais caros de Paris.

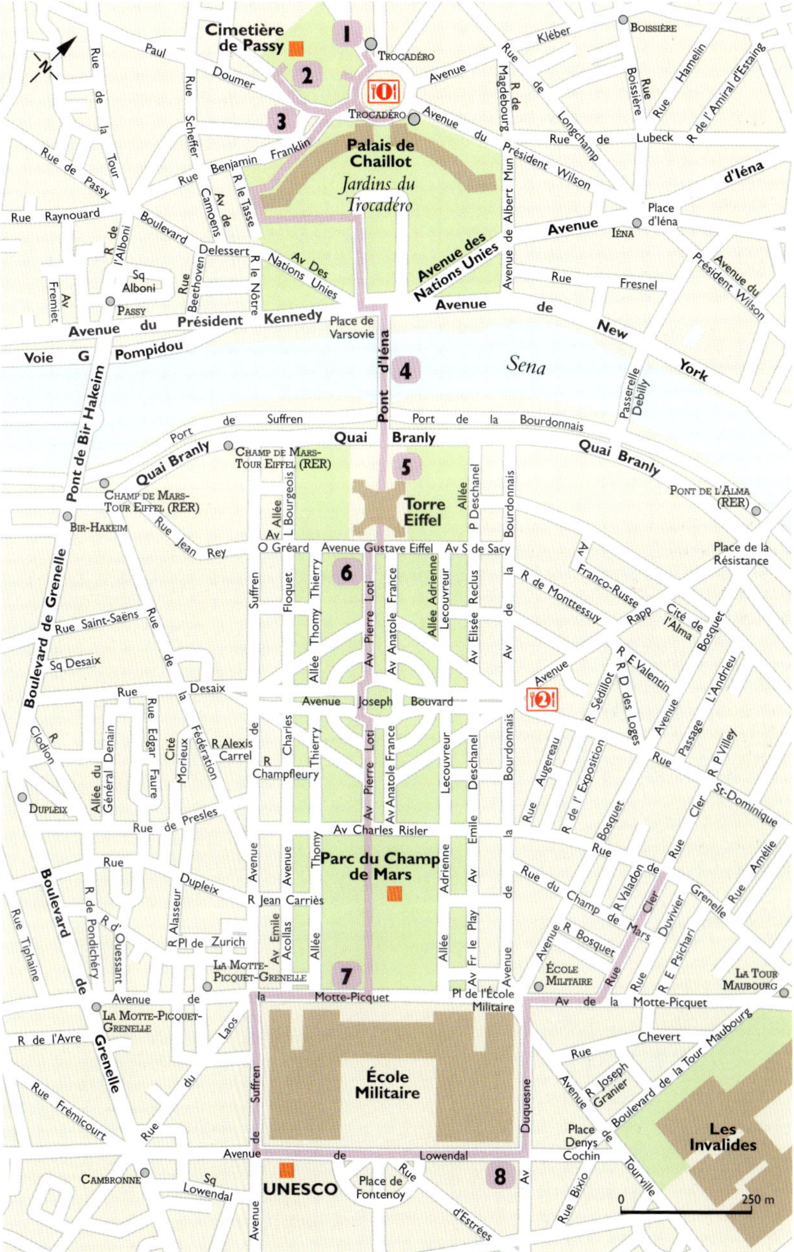
Cimetière de Passy
Trocadéro
Palais de Chaillot
Jardins du Trocadéro
Avenue Kléber
Boissière
Rue Paul Doumer
Rue Scheffer
Rue Benjamin Franklin
Rue de la Tour
Rue de Passy
Rue Raynouard
Boulevard Delessert
Av de Camoens
R le Tasse
Av Des Nations Unies
Avenue des Nations Unies
Avenue du Président Wilson
Rue de Magdebourg
R de Longchamp
Rue de Lubeck
Rue Hamelin
Rue Boissière
R de l'Amiral d'Estaing
Avenue d'Iéna
Place d'Iéna
Iéna
Avenue de Albert Mun
Rue Fresnel
Avenue de New York
R de l'Alboni
Sq Alboni
Passy
Rue Beethoven
R le Nôtre
Av Fremiet
Avenue du Président Kennedy
Place de Varsovie
Voie G Pompidou
Pont d'Iéna
Sena
Passerelle Debilly
Port de Suffren
Port de la Bourdonnais
Quai Branly
Pont de Bir Hakeim
Port
Champ de Mars-Tour Eiffel (RER)
Bir-Hakeim
Torre Eiffel
Allée L Bourgeois
Allée P Deschanel
Bourdonnais
Pont de l'Alma (RER)
Place de la Résistance
Rue Jean Rey
Av O Gréard
Avenue Gustave Eiffel
Av S de Sacy
Av Franco-Russe
R de Monttessuy
Rapp
Cité de l'Alma
Bosquet
Boulevard de Grenelle
Rue Saint-Saëns
Sq Desaix
Rue de la Fédération
Rue Desaix
Suffren
Floquet
Allée Thomy Thierry
Av Pierre Loti
Av Anatole France
Allée Adrienne Lecouvreur
Av Elisée Reclus
Av de la Bourdonnais
Avenue Joseph Bouvard
Avenue Rapp
R Sédillot
R E Valentin
R D des Loges
Avenue L'Andrieu
Passage
R P Villey
Rue St-Dominique
R Clodion
Rue Edgar Faure
Cité Morieux
R Alexis Carrel
R Champfleury
Charles
Allée du Général Denain
Dupleix
Rue de Presles
Rue Augereau
R de l' Exposition
Av Charles Risler
Rue Cler
Rue Amélie
Parc du Champ de Mars
Avenue Thomy
Av Emile Deschanel
Rue Dupleix
Rue du Champ de Mars
R Valadon
Rue de Grenelle
R Alasseur
R Jean Carriès
Av Emile Acollas
R de Pondichéry
R d'Ouessant
Rue Tiphaine
Pl de Zurich
La Motte-Picquet-Grenelle
Allée Fr le Play
Avenue de la Motte-Picquet
Pl de l'École Militaire
École Militaire
R Bosquet
Duvivier
R E Psichari
La Tour Maubourg
Av de la Motte-Picquet
R de l'Avre
Rue du Laos
Rue Chevert
Avenue de Suffren
Rue Fremicourt
Avenue Duquesne
Rue Joseph Granier
Boulevard de la Tour Maubourg
Avenue de Tourville
Les Invalides
Place Denys Cochin
Avenue de Lowendal
Cambronne
Sq Lowendal
UNESCO
Place de Fontenoy
Rue d'Estrées
Rue Bixio
0
250 m
1 2 3 4 5 6 7 8

ONDE COMER

1 CARETTE
Place du Trocadéro, 4
Tel: 01 47 27 88 56
Elegante salão de chá; almoço.

2 DOINA
Rue St-Dominique, 149
Tel: 01 45 50 49 57
Romeno tradicional, com porções generosas.

O parque tem o nome do deus da guerra e era originalmente uma área de desfiles da academia militar, visível à distância. Cerca de 10 mil homens podiam praticar manobras de batalha aqui. A École Militaire tem uma das fachadas do século 18 mais belas de Paris. A academia foi fundada para formar jovens de famílias nobres empobrecidas, tornando-os oficiais qualificados. Um dos mais destacados foi Napoleão Bonaparte, que veio da Córsega, sua terra natal, para estudar aqui. O rapaz, a respeito de quem um relatório dizia que "poderia ir longe sob circunstâncias favoráveis", proclamou a si mesmo imperador da França aos 34 anos de idade, em 1804.

7 Vire à direita seguindo a fachada da academia e entre à esquerda, dando a volta no edifício até a place de Fontenoy, para ver a Cour d'Honneur.

Foi aqui, em 5 de janeiro de 1895, que o capitão Dreyfus foi destituído de suas honras e patentes militares. Numa manhã gélida, diante de centenas de soldados, o capitão ouviu a sentença final da corte marcial: "culpado". O general Darras disse para todos ouvirem: "Dreyfus, você não está apto a usar estas armas", e então, uma por uma, suas insígnias militares foram removidas: dragonas, botões, medalhas e por fim sua espada, que o general partiu no joelho. Dreyfus gritou com a voz embargada: "Soldados, vocês estão desonrando um homem inocente, *vive la France, vive l'armée*", mas sua voz foi abafada pela multidão que gritava: "*À Mort! À Mort*" ("Morte! Morte!"). Dreyfus fora acusado de traição, quando um documento francês, encontrado no cesto de lixo do adido militar na embaixada da Alemanha, foi considerado escrito por Dreyfus. A França inteira se envolveu emocionalmente na intriga e se dividiu entre *dreyfusards* e *anti-dreyfusards*. Haviam sido plantados documentos falsos para "provar" sua culpa, e poucos *dreyfusards* duvidavam de que o caso tinha a ver com o crescente antissemitismo da época. Dez anos mais tarde, em 1905, Dreyfus foi oficialmente reabilitado.

8 Siga pela avenue de Lowendal, com o edifício da Unesco à direita. Vire à esquerda na avenue Duquesne, à direita na avenue de la Motte-Picquet, e à esquerda na rue Cler.

A rue Cler é uma maravilhosa zona de mercado, com ruas pequenas cheias de cafés, delicatessens, lojas de queijos e lojas e bancas de hortifrútis. Vire à direita no extremo sul da rue Cler até chegar à estação de metrô École Militaire.

PÁGINA AO LADO: TORRE EIFFEL

PASSEIO 18

Do Art Nouveau ao Art Déco

Quem gosta de arquitetura em geral e de Art Nouveau em particular vai adorar este passeio pelo bairro residencial de maior prestígio em Paris. Mais da metade das embaixadas da cidade fica aqui no refinado 16º distrito. Quando Luís XIV se mudou para Versalhes, na década de 1680, Paris começou a se expandir em direção à nova cidade real. Este bairro, originalmente fora das muralhas da cidade, era conhecido pelos espaços abertos, que desciam suavemente até o Sena. Havia vários mosteiros aqui, e os monges aproveitavam a abundância de nascentes para fazer vinho a partir dos vinhedos locais. Os reis costumavam parar na abadia Passy e comprar vinho no caminho de Paris até Versalhes. A área continuou a se desenvolver, pois os ricos compravam grandes lotes e contratavam os melhores arquitetos para construir suas casas. O bairro foi escolhido por ficar fora das muralhas da cidade, o que o isentava dos pesados impostos. No final do século 19, Hector Guimard (1867-1942), o maior arquiteto francês de Art Nouveau, construiu várias casas aqui, umas vistosas, outras escandalosas. No início da década de 1920, os modernistas Le Corbusier e Mallet-Stevens escolheram a área para erguer suas extraordinárias vilas cubistas.

1 Comece o passeio na estação de metrô Ranelagh, que tem o nome deste lorde inglês.

O nome da estação vem de Lorde Ranelagh, criador de um belo jardim público em Chelsea, Londres. O Musée Marmottan, no jardim próximo, abriga o famoso quadro de Monet *Impressão: nascer do sol.* Você pode fazer uma parada aqui no final do seu passeio, e também curtir as atrações do parque.

2 Desça a rue du Ranelagh, passando pelas luxuosas casas particulares do Hameau de Boulainvilliers. Vire à direita na rue de Boulainvilliers e pare no cruzamento com a rue la Fontaine.

O imenso prédio circular à sua direita, a Maison de Radio-France, apelidado de "Camembert", é o centro de transmissão da rádio pública francesa. Projetado pelo arquiteto Henry Bernard (1912-1994), a obra foi iniciada em 1956 e levou anos para ser concluída. Hoje 3.500 membros fixos, incluindo duas orquestras sinfônicas e um coro, dividem mil escritórios, 70 estúdios e três grandes salas de concerto. A arquitetura é típica do período da Guerra Fria. Como uma fortaleza medieval, o edifício é circular, com uma torre central de 22 andares. O complexo é autossuficiente, com seu próprio poço artesiano de 550m, que abastece sistemas de calefação e refrigeração. Embaixo do edifício fica o bunker do presidente, para o caso de um ataque nuclear. O Museu da História do Rádio abre seg-sex 10h-11h e 14h30-16h, exceto feriados.

ONDE COMER

1 LE PETIT DÉFI DE PASSY
Avenue du Président Kennedy, 18
Tel: 01 42 15 06 76
Francês contemporâneo, familiar.

2 BYBLOS
Rue Guichard, 6
Tel: 01 42 30 99 99
Cozinha libanesa.

3 LE BISTROT DES VIGNES
Rue Jean de Boulogne, 1
Tel: 01 45 27 76 64
Tradicional, comida simples.

3 Ande pela rue la Fontaine e pare em frente ao Castel Béranger, no nº 14.

Este bloco de 36 apartamentos é o mais extravagante e lúdico dos projetos Art Nouveau de Hector Guimard (1867-1942) e demonstra como o jovem arquiteto se inspirou no revival gótico. O fantasioso ferro trabalhado da entrada ilustra por que os franceses chamam o Art Nouveau de "estilo macarrão". A fachada usa diversos materiais; o piso é de pedra cortada, de alto custo, e os pisos superiores usam tijolo mais barato, destacando a diferença entre o espaço doméstico e o funcional. O extraordinário ferro trabalhado mostra que a inspiração do Art Nouveau eram formas de animais e plantas. Cavalos--marinhos de ferro fundido escalam o edifício como elegantes gárgulas góticas. Dentro do saguão de entrada, aprecie

PÁGINA AO LADO: CASTEL BÉRANGER

DISTÂNCIA 2,5km

DURAÇÃO 2 horas

INÍCIO Estação de metrô Ranelagh

TÉRMINO Estação de metrô Ranelagh

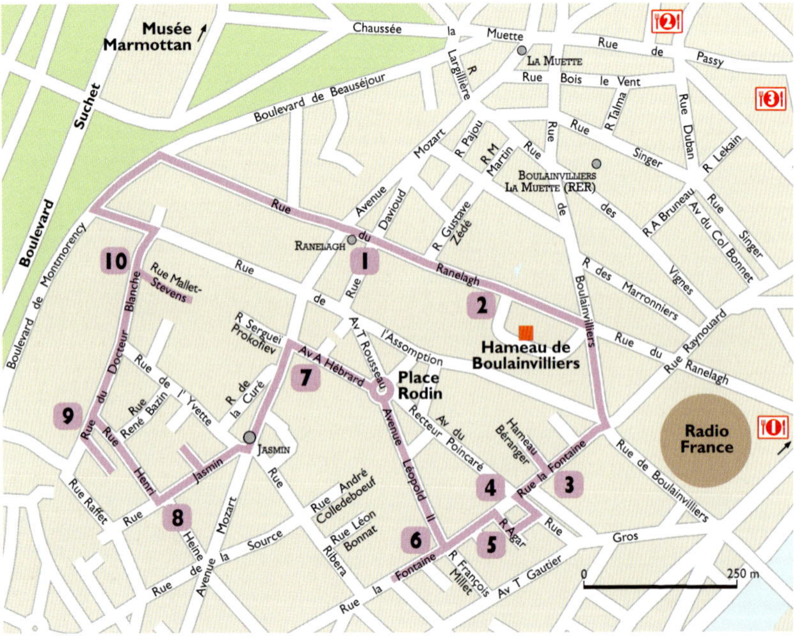

os vitrais e as maçanetas de metal, em curvas características. Na pequena rua lateral, Hameau Béranger, pode ser vista a entrada de serviço. As sacadas aqui são decoradas com uma máscara retratando o arquiteto, e acima da janela do último apartamento do lado esquerdo há uma grande cauda de pavão. A torre de vigia do apartamento de esquina tem um misterioso demônio gótico, que levou os parisienses a apelidarem este edifício premiado de *La Maison du Diable* ("A Casa do Diabo").

4 Continue pela rue la Fontaine, parando na rue Gros para a apreciar a esplêndida vista de outro complexo de apartamentos de Guimard.

Estes apartamentos foram construídos entre 1909-1911 e mostram uma abordagem mais contida. Guimard havia sido criticado pelos modernistas como extravagante e superficial, e nesta época buscava experimentar novos estilos, nos quais técnica, funcionalidade e materiais modernos substituíssem os

PÁGINA AO LADO: DECORAÇÃO COM CAVALOS-MARINHOS NA RUE CASTEL BÉRANGER, 14

ideais da arquitetura decorativa e estética. Mesmo assim, a frente do edifício tem as inconfundíveis formas curvas de Guimard, inspiradas em plantas, e o trabalho em ferro ainda é no estilo Art Nouveau. O arquiteto não usa aqui a cor do mesmo modo que no Castel Béranger, mas, como naquele, a fachada é de pedra cortada cara, ao passo que as laterais e a parte de trás são de tijolo aparente.

5 Desça a rue Gros, virando à direita na rue Agar, e continue ao redor do edifício para voltar à rue la Fontaine. Note a tubulação em ferro fundido, os números da casa e a placa da rua, todos desenhados por Guimard. Continue pela rue la Fontaine, e pare em frente ao nº 60, no Hôtel Mezzara.

Esta luxuosa residência foi construída para o rico industrial Paul Mezzara, que fez fortuna ao inventar uma máquina que produzia renda mecanicamente. Mezzara era um homem culto, que apreciava a modernidade. Guimard desenhou esta grande mansão, com um jardim nos fundos, um salão de baile e uma entrada de serviço separada, numa torre em estilo medieval. O arquiteto também usou tijolos de vidro aqui pela primeira vez, além de portas internas corrediças – uma inovação na época –, que ao abrir deslizavam para dentro da parede. A casa é hoje um alojamento de estudantes, mas nas férias escolares, artistas inspirados no estilo Art Nouveau mostram suas obras aqui. As exposições gratuitas são uma oportunidade única de ver este interior Art Nouveau tão bem preservado.

6 Volte pela rue la Fontaine, virando à esquerda na avenue Léopold II. Pare no meio da place Rodin.

Aqui você pode ver um dos primeiros trabalhos de Rodin, *A Idade do Bronze*. Esta escultura foi recusada no Salão de Escultura de 1877, pois os juízes acharam que Rodin havia simplesmente usado o modelo vivo como molde. Indignado, Rodin fez outra estátua usando de fato o modelo como molde, para que os juízes comparassem a diferença, mas estes nem quiseram vê-la. Ironicamente, a estátua simboliza o despertar da humanidade.

7 Suba a avenue Adrien Hébrard, vire à esquerda na avenue Mozart, e depois à direita na rue Jasmin. Pegue a primeira à direita na square Jasmin.

Guimard fez uma casa experimental no nº 3 da square Jasmin, como parte de um projeto para resolver a crise de habitação causada pela Primeira Guerra Mundial. Trata-se de uma casa pré-fabricada que podia ser facilmente montada por um não especialista; um "kit de casa" que você podia montar sem precisar nem de uma fita métrica. A casa foi projetada em 1922 e é bem mais sóbria do que seus exuberantes edifícios anteriores. Apesar de ser fácil de montar e barata, a casa pré-fabricada de Guimard não "pegou".

8 Continue pela rue Jasmin, e depois vire à direita na rue Henri Heine.

No nº 18, outro bloco de apartamentos de Guimard mostra a evolução estilística

do arquiteto. Este edifício, de 1926, é um retorno a uma simetria vertical estrita, que se afasta do Art Nouveau e se aproxima do recém-popularizado estilo Art Déco. Guimard morou aqui com a mulher, Adeline Oppenheim, filha de um rico banqueiro judeu. O casal saiu de Paris durante a Ocupação alemã e Guimard morreu em Nova York em 1943, depois de ver o Art Nouveau criticado como ridículo e antiquado.

9 Continue até o fim da rua, vire à esquerda na rue du Dr. Blanche, e à esquerda, na square du Dr. Blanche.

As duas mansões adjacentes no extremo da praça são do arquiteto Le Corbusier (1887-1965). Estas casas cubistas, com paredes nuas, faixas horizontais de janelas e ausência de ornamentos, bem diferentes dos estilos apreciados no período anterior, eram chocantes na época. O lema de Le Corbusier era "A casa deve ser uma máquina de morar". O edifício elevado sobre pilastras era de um colecionador de arte moderna; a fileira de janelas ilumina a galeria de arte. Os edifícios estão abertos ao público (fecham aos domingos e feriados).

10 Saia da praça e vire à direita na rue du Dr. Blanche. Vire a terceira à direita na rue Mallet-Stevens. Para voltar ao metrô Ranelagh, vire à direita, depois à esquerda na rue de l'Assomption, à direita no boulevard de Montmorency, à direita na rue du Ranelagh, e admire as lindas mansões. O metrô Ranelagh fica em frente.

A rue Mallet-Stevens foi construída em 1925, resultado do encontro entre o arquiteto Mallet-Stevens e um rico industrial que queria construir um parque residencial para seus amigos, entre os quais havia artistas, diretores de cinema, músicos e escultores. Mallet-Stevens ergueu cubos e cilindros de concreto e decorou os edifícios com vitrais cubistas. O acabamento é sóbrio, sem nenhum dos elementos decorativos associados com a arquitetura anterior. O escritório do arquiteto ficava no nº 12.

A TORRE EIFFEL E O RIO SENA

PASSEIO 19

Seguindo a Linha Rosa

Este passeio leva você pelo Jardin du Luxembourg até duas igrejas cheias de mistério, que inspiraram o livro *O código Da Vinci*, de Dan Brown.

O bairro de St-Germain-des-Prés é uma das muitas "vilas" que compõem o famoso Quartier Latin. É o coração da Paris intelectual, lugar de escritores, filósofos e artistas. Desde a Idade Média, estudiosos têm se reunido aqui no bairro da universidade, e a área ganhou este nome porque o latim era a língua usada no ensino. Os bairros de Paris são chamados de *quartiers* ou "quartos" desde a época dos romanos, pois estes dividiam suas cidades em quatro partes. Esta área, associada a escritores famosos, é o centro do comércio de livros. Pessoas que gostam de ler percorrem as livrarias de suas ruas medievais. Hoje a área é chique e cara; St-Germain-des-Prés tem lojas, mercados e uma infinidade de restaurantes. Da primavera em diante, os cafés transbordam para as calçadas, e são um dos melhores lugares para observar pessoas. O bairro é cheio de aspirantes a escritores, escrevendo em cadernos de anotações com uma taça de vinho do lado. Faça o passeio de manhã e aproveite para almoçar.

1 Comece na estação Luxembourg RER, e dê a volta pela praça para apreciar o Panthéon ao longo da rue Soufflot (para informações sobre o Panthéon, ver Passeio 21). Atravesse a place Edmond Rostand, continuando em volta da fonte até a entrada principal do Jardin du Luxembourg, no boulevard St-Michel, e entre no jardim.

Nos tempos medievais esta era uma área desolada, reduto de bandidos, como o mal-afamado e misterioso assaltante Vauvert, que aterrorizava os parisienses. Pegue a allée des Quinconces e vire à direita até a Fontaine de Médicis (allée de l'Odéon). Esta fonte de elegante design cria uma estranha ilusão de óptica, que dá a impressão de que a superfície da água está inclinada. As figuras esculpidas no extremo oposto são personagens da mitologia grega. O Palais du Luxembourg foi construído para a mãe de Luís XIII, Maria de Médicis, em 1615, mas ela não ficou aqui muito tempo. Em 1630, foi banida da França pelo filho. Pouco antes da saída do parque, um pouco à direita, há uma pequena cópia da Estátua da Liberdade. A original foi feita em Paris pelo escultor Bartholdi, com a ajuda do engenheiro Gustave Eiffel.

2 Saia dos jardins no extremo oposto da alameda central pela qual você entrou. Vire à direita na rue Guynemer e continue até a rue de Vaugirard. Em frente, no nº 58, fica o apartamento onde F. Scott Fitzgerald morava quando escreveu *Suave é a noite*. Vire à direita na rue de Vaugirard; à sua esquerda fica a

FONTAINE DE MEDICIS

rue Férou. O escritor Ernest Hemingway morou na mansão do nº 6 com sua segunda mulher, Pauline. Volte à rue de Vaugirard e pare em frente à entrada principal do Palais du Luxembourg.

A entrada do palácio é um raro exemplo de arquitetura em estilo italianado em Paris. As impressionantes colunas aceneladas foram copiadas do Palácio Pitti de Florença e construídas para a rainha, para lembrá-la do lar da sua infância. Embora abandonado, o palácio continuou como propriedade da coroa até a Revolução Francesa. Durante o Terror (1794) virou uma prisão. O pintor David, o jornalista Camille Desmoulins e outros ativistas estiveram detidos aqui.

3 Vire à esquerda na rue de Tournon e pegue a primeira à esquerda na rue St-Sulpice. Ande ao longo da igreja de St-Sulpice até chegar à fachada. Pare na praça para admirá-la. Entre nela pela porta do lado direito.

PÁGINA AO LADO: PLACE DE L'ODÉON

DISTÂNCIA **3km**

DURAÇÃO **2h30min**

INÍCIO **Estação Luxembourg RER**

TÉRMINO **Estação de metrô St-Germain-des-Prés**

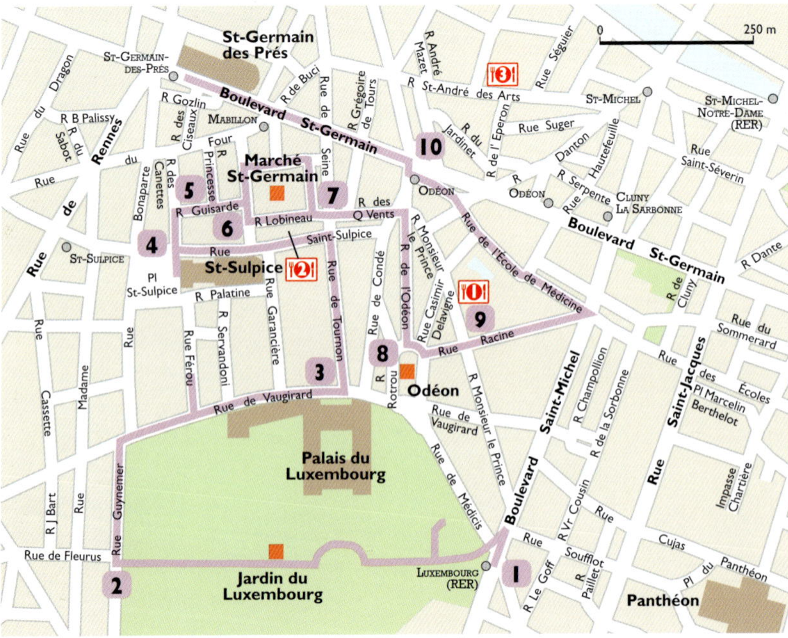

Esta igreja é central na trama do livro *O código Da Vinci*. É aqui que a linha do meridiano cruza Paris, e que fica o misterioso gnômon. A St-Sulpice está construída numa escala comparável à da Notre-Dame, e reflete o fato de esta área ter se tornado um bairro aristocrático no século 17. O pórtico da igreja é colossal. Acima da porta central, uma inscrição esmaecida lembra que durante a Revolução o edifício se tornou um templo pagão, dedicado ao "Supremo Ser e à Imortalidade da Alma". A primeira capela lateral, à direita de quando você entra, tem afrescos de Delacroix. Dentro da capela à esquerda você verá Jacó lutando com o Anjo, e à direita a história de um ladrão pagão chamado Heliodoro, que depois de roubar um tesouro do templo foi fulminado pelo Arcanjo Gabriel montado a cavalo.

O gnômon no cruzamento do transepto é um imenso relógio de sol. Consiste em um obelisco de mármore branco no transepto norte, com uma linha de metal incrustada que atravessa

o piso ao longo do meridiano original norte/sul de Paris. Daqui, o obelisco se liga a uma placa. Um dispositivo ótico na janela do transepto sul originalmente focalizava os raios do sol no gnômon. Hoje falta a lente, mas, no solstício de verão, um disco de luz se projeta sobre uma placa do piso, e no solstício de inverno ele incide no obelisco. Nos equinócios da primavera e outono, a placa oval em frente ao altar fica iluminada.

A imensa estátua de mármore da Virgem, na capela de Nossa Senhora, é do escultor Pigalle (1714-1785). Alçapões levam até a cripta funerária, onde, de cerca de 1740 a 1790, foram enterrados perto de 5 mil corpos. O revolucionário St-Just fazia reuniões secretas aqui.

4 Saia da igreja e vire à direita na rue des Canettes.

Esta charmosa rua deriva seu nome da crista esculpida na fachada do nº 18, que retrata quatro patinhos num lago. A rua data do início do século 17. No nº 17 morava o marido da condessa de la Motte, um talentosa charlatã, que conseguiu fazer um joalheiro entregar-lhe um valiosíssimo conjunto de diamantes depois de tê-lo convencido de que eram destinados a Maria Antonieta.

5 Pegue a primeira à direita na rue Guisarde, cheia de restaurantes, e depois vire à esquerda na rue Princesse.

Esta é outra rua do século 17, onde morou o famoso pintor Chardin (1699-1779). No nº 6 fica a livraria Village Voice English Language.

6 Volte à rue Guisarde e continue por ela até o Marché St-Germain.

Este é um dos mais antigos mercados cobertos de Paris. Foi totalmente reformado e tem lojas de roupas e de

comida. Na adega Nicolas você pode degustar e comprar vinhos. Ande pelas arcadas do mercado. Em frente ao lado oeste fica o peculiar Musée du Compagnonage, onde são expostos interessantes trabalhos feitos por artesãos que estão treinando para se tornarem membros das corporações.

7 Após explorar o mercado, volte até o lado da rue Lobineau, continue até a rue des Quatre Vents e pare no Carrefour de l'Odéon (cruzamento). Vire à direita na rue de l'Odéon.

A rue de l'Odéon é cheia de associações com a literatura. No nº 9 morou o editor Robert McAlmon, que publicou o primeiro livro de Hemingway e o livro de Gertrude Stein, *O modo de ser dos americanos*. Sylvia Beach tinha sua livraria Shakespeare and Company no nº 12, e daqui publicou o *Ulysses*, de James Joyce. Hemingway, T. S. Elliot, Ezra Pound, Joyce, Scott Fitzgerald e John Dos Passos, todos eles se beneficiaram de seu apoio.

8 Continue até a place de l'Odéon, que oferece uma excelente vista do Théâtre de l'Odéon.

A popular comédia de Beaumarchais *Le mariage de Figaro* foi inagurada aqui em 1784. O teatro foi ocupado por estudantes durante o movimento de maio de 1968 e foi muito danificado.

9 Pegue a rue Racine até o boulevard St-Michel, e vire imediatamente à esquerda na rue de l'École de Médicine.

ONDE COMER

1 POLIDOR
Rue Monsieur le Prince, 41
Tel: 01 43 26 95 34
Ambiente muito envolvente.

2 LE PETIT VATEL
Rue Lobineau, 5
Tel: 01 43 54 28 49
Pequeno bistrô em estilo antigo.

3 LA JACOBINE
Rue St-André des Arts, 59
Tel: 01 46 34 15 95
Saladas e chás.

A escola de medicina fica no nº 12. O frontão triangular esculpido acima da entrada mostra crianças empilhando livros e fazendo uma operação, simbolizando a teoria e a prática ensinadas aqui. O museu da escola de medicina tem peças como os instrumentos usados na autópsia de Napoleão.

10 Continue até o fim da rua e siga pelo boulevard St-Germain. Atravesse e continue andando até chegar à igreja de St-Germain-des-Prés.

Esta é uma das igrejas mais antigas de Paris, raro exemplo de arquitetura normanda. Os reis merovíngios foram enterrados aqui, e são chamados no livro de Dan Brown, *O código Da Vinci*, de descendentes de Cristo. Em frente à igreja ficam os famosos cafés literários Les Deux Magots e Brasserie Lipp.

PASSEIO 20

Dos romanos à Revolução

Em torno da muralha da cidade do século 12, você pode explorar a trajetória dos romanos, o nascimento da Sorbonne e o inventor da guilhotina.

O antigo Quartier Latin é um labirinto de ruas que cresceram em torno da medieval Universidade da Sorbonne. Ainda é o reduto de estudantes, e portanto é jovem e muito movimentado. Você andará pelas mesmas ruas por onde passaram filósofos, poetas, teólogos e artistas. Foi aqui que Dante escreveu seu *Inferno*, e que Picasso pintou seu famoso mural *Guernica*. Esta parte antiga da capital era o centro da Paris romana e há vestígios espetaculares disto. A capital romana, com uma população de cerca de 20 mil pessoas, era chamada de *Lutetia* ("nascida das águas"), nome adequado para uma cidade que começou numa ilha. Seu centro era o cruzamento das atuais rue des Écoles e rue St-Jacques. Os romanos não construíram nada na Margem Direita porque ela ficava sob a planície inundada do Sena. No século 4, eles desmontaram vários monumentos e levaram as pedras até a Île de la Cité para erguer a primeira muralha da cidade. Felizmente, os banhos romanos e as arenas sobreviveram.

Da estação de metrô St-Michel entre na place St-Michel.

A imponente fonte representa São Miguel, líder das hostes celestiais, lutando contra o demônio. São Miguel é o padroeiro do exército francês. A praça está associada a ele desde a Idade Média, mas a arquitetura em volta é da década de 1860. Placas de mármore registram os nomes dos soldados que tombaram enquanto os tanques aliados entravam pelo bulevar durante a libertação, em agosto de 1944. Inaugurada em 1910, a linha de metrô da place St-Michel foi a primeira a atravessar o Sena. A estação levou quatro anos para ficar pronta e foi construída no nível da rua, e depois baixada até sua posição.

ONDE COMER

1 CRÊPERIE DE CLUNY
Rue de la Harpe, 20
Tel: 01 43 26 08 38
Especializada em panquecas.

2 AUX DEGRÉS DE NOTRE-DAME
Rue des Grands Degrés, 10
Tel: 01 55 42 88 88
Mistura das cozinhas tradicional francesa e norte-africana.

3 LA FOURMI AILÉE
Rue du Fouarre, 8
Tel: 01 43 26 08 38
Salão de chá que serve almoço.

2 Saia da praça pela rue St-André-des-Arts. Ande até a rue des Grands Augustins, à direita, e vá até o nº 7.

É aqui que morou Picasso (1881-1973) com sua jovem amante, Françoise Gilot, e onde ele pintou o painel *Guernica*.

3 Volte e entre na primeira à direita, rue Christine, e cruze a rue Dauphine pela passage Dauphine. Ao sair, vire à direita na rue Mazarine, à esquerda na Jacques Callot e de novo à esquerda na rue de Seine. Vire imediatamente à direita na rue de l'Échaudé, à direita na rue Jacob e na primeira à esquerda, rue Furstemberg.

A atraente place Furstemberg já abrigou os estábulos da abadia de St-Germain-des-Prés. Olhe através da praça e admire a bela fachada de tijolo e pedra do Palais Abbatial. O Musée Delacroix fica na esquina da praça. A pintura mais famosa de Delacroix (1798-1863) no Louvre é *A Liberdade guiando o povo*.

4 Saia da praça pela rue Cardinale e pegue a rue de Bourbon-le-Château. Vire à esquerda na rue de Buci, siga até o cruzamento e então vá em frente pela rue St-André-des-Arts. Pegue a primeira à direita e entre na arcada coberta do Cour du Commerce St-André.

Le Procope (à direita) proclama ser o café mais antigo de Paris, e já foi ponto de encontro de revolucionários e intelectuais. Benjamin Franklin, Lafayette e Jefferson, todos passaram por aqui.

PÁGINA AO LADO: A SORBONNE

DISTÂNCIA **3km**

DURAÇÃO **2h30min**

INÍCIO **Estação de metrô St-Michel**

TÉRMINO **Estação de metrô Cluny Sorbonne**

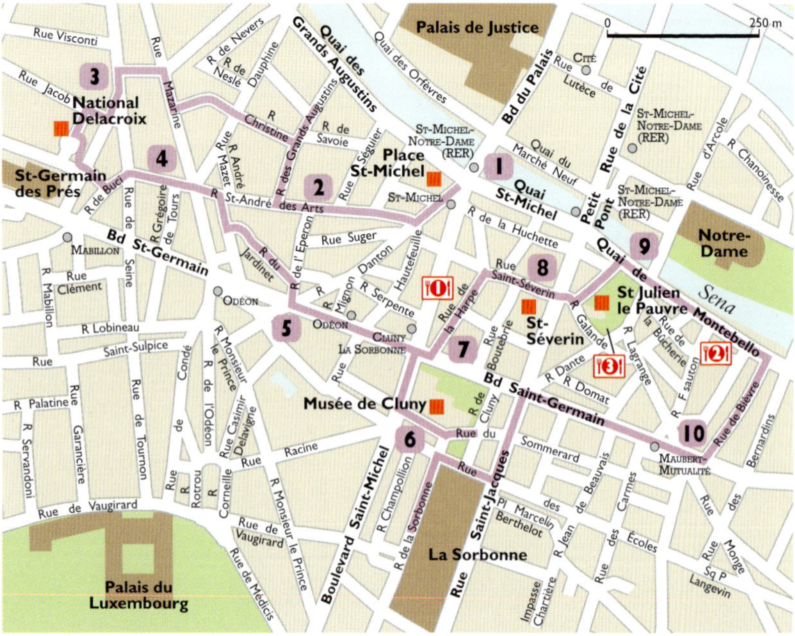

Mais adiante na passagem fica a oficina onde o dr. Guillotin inventou sua máquina de execuções. Dizem que ele praticava a ação da lâmina em cordeiros. Durante a Revolução, cerca de 3 mil pessoas foram guilhotinadas. O pequeno pátio à esquerda foi usado nas filmagens do musical *Gigi,* estrelado por Leslie Caron e Maurice Chevalier. Na vitrine da butique, na entrada do pátio, você pode ver as ruínas de uma imensa torre de pedra, que era parte da muralha da cidade e data da década de 1180.

5 Continue pela série de pátios até sair na rue du Jardinet. Vire à direita na rue de l'Éperon, depois à esquerda pelo boulevard St-Germain até chegar ao boulevard St-Michel. Atravesse e suba o bulevar para ver o pátio externo dos Banhos Romanos.

As ruínas dos banhos são extensas e datam do século 3º. Havia três complexos termais na Paris romana, para atender a uma população de cerca de 20 mil pessoas. Cada um se dividia em salas de

PÁGINA AO LADO: LE PROCOPE

Le Procope
Fondé en 1686
Café Restaurant
PROCOPE TENU PAR ZOPPI

banho quente, morno e frio. O pátio que você está apreciando era um *tepidarium* e as grandes pedras do piso originalmente faziam parte do pavimento da rue St-Jacques romana. Continue até o lado da rue du Sommerard, onde pode ser vista a sala de vapor, além de imensas partes da abóbada que desabou, espalhadas pelo chão. Os muros mais baixos, de pedra e tijolo, ainda estão cobertos com o estuque romano original. Os antigos usavam seus banhos públicos mais ou menos como usamos hoje uma sauna; aqui eles se banhavam, faziam a barba e recebiam massagens e aromaterapia. Homens e mulheres vinham em dias diferentes.

6 Siga pela rue du Sommerard até a entrada do Musée de Cluny, pouco mais adiante, na place Paul Painlevé.

O museu abriga um excepcional acervo de arte e artefatos medievais. A casa é do fim do século 15, exemplo raro de arquitetura doméstica em estilo gótico. Muitas igrejas sobreviveram, mas há apenas três casas deste período em Paris. O pátio é decorado com conchas de moluscos esculpidas, o emblema de Jacques d'Amboise, para quem a casa foi construída, e tem um curioso poço com uma carranca. A torre octogonal esconde uma escada em espiral. O muro estriado à esquerda, depois das arcadas, é parte dos banhos romanos, sobre os quais a mansão do Cluny foi construída. Uma das mais bonitas exposições daqui é a série de tapeçarias conhecida como *A dama e o unicórnio*. Estudiosos ainda debatem o significado preciso das estranhas alegorias; sabe-se que cinco das cenas simbolizam os cinco sentidos, mas a sexta parte do quebra-cabeça ainda não foi totalmente decifrada. Outras peças expostas são vitrais, trabalhos medievais em metal, entalhes e esculturas, fechaduras e chaves, armaduras, distintivos de peregrinos e pentes medievais de pulgas. Há um ótimo livro do museu e uma loja de presentes.

MUSÉE DE CLUNY; QUA-SEG 9h15-17h45; TEL: 01 53 73 78 00 www.musee-moyenage.fr

7 Volte ao boulevard St-Germain e caminhe até a rue de la Harpe, junto à entrada da estação de metrô Cluny La Sorbonne. Pegue a rue St-Séverin à direita e entre na igreja.

O portal é do século 13 e foi trazido para cá da Île de la Cité na década de 1840. A maior parte do edifício é do século 15, no estilo gótico flamejante. Este nome vem das formas de chama dos ornamentos, como na rosácea. Estudantes da Sorbonne usavam a igreja, e as capelas laterais são decoradas com placas de agradecimento pelos bons resultados nos exames. Na parte de trás da igreja há alguns vitrais modernos e um poço antigo.

8 Continue pela rue St-Séverin, atravesse a rue St-Jacques e vire à esquerda na rue St-Julien-le-Pauvre. Pare um pouco diante da igreja.

O entulho que sobrou da obra de Notre-Dame foi usado para construir esta linda igreja antiga. O pátio em frente ao edifício tem um poço, e logo depois dele, à direita, fica uma enorme pedra de pavimento da antiga estrada romana. Esta foi a primeira igreja dos estudantes da Sorbonne, e aqui eram realizadas as eleições do reitor da universidade. No século 17, estudantes promoveram tumulto e saquearam a igreja. As duas primeiras seções foram destruídas e a fachada que você vê hoje foi construída para repará-la. Você pode ver partes da fachada original arruinada na parte esquerda do pátio.

9 Atravesse o jardim até o quai de Montebello. Vire à direita. Ande até a rue de Bièvre, e entre à direita.

Esta rua evoca a Paris medieval. Dante ficou aqui quando começou a escrever os capítulos do *Inferno,* e a mal-afamada marquesa de Brinvilliers, que envenenou vários membros de sua família, viveu uma temporada no nº 28 (ver também o Passeio 6). No nº 22 morou o presidente Mitterrand.

10 Vire à direita no boulevard St-Germain, atravesse a place Maubert-Mutualité, e vire à esquerda na rue St-Jacques e à direita na rue des Écoles. Pare em frente da estátua de Michel de Montaigne.

Michel de Montaigne (1533-1592) foi um grande pensador do Renascimento e o pai do gênero ensaio. Ele ensinou aqui, na Universidade da Sorbonne, que foi fundada no século 13 por um monge chamado Robert de Sorbon. O edifício que vemos hoje data da era napoleônica e foi construído para oferecer ensino a até 5 mil estudantes. Por volta da década de 1960, cerca de 20 mil estudantes ficavam espremidos aqui, o que foi um dos fatores da revolta de Maio de 1968. Atualmente, o campus da universidade compreende 18 edifícios dentro e em volta de Paris, e é frequentado por 250 mil estudantes. Até a Revolução Francesa, que suspendeu as aulas na universidade, a língua de ensino era o latim, mas, quando Napoleão reabriu a escola, decretou que as aulas fossem dadas em francês. Você pode andar em volta do edifício, pegando a rue de la Sorbonne até a fachada da igreja da Sorbonne, construída em estilo jesuíta. Dentro dela fica o túmulo do cardeal Richelieu, que foi reitor da universidade. O passeio termina aqui, na estação de metrô Cluny La Sorbonne.

RUE DE BIEVRE

PÁGINA SEGUINTE: PÁTIO DO MUSÉE DE CLUNY

RVAS
VANDA

1674

PASSEIO 21

Na pior em Paris

O Mouffetard, no Quartier Latin, era reduto de intelectuais na década de 1920. O movimentado mercado deste bairro cria uma atmosfera de vila.

Este bairro deriva seu nome do antigo termo *la mouffe*, que descrevia o mau cheiro pelo qual o lugar era conhecido. Originalmente, o Mouffetard era uma vila separada de Paris pela muralha da cidade do século 12 e por um afluente do Sena, Bievre. Este rio alimentava os moinhos das fábricas, responsáveis pela poluição que deu a *La Mouffe* seu apelido. As obras de tapeçaria Gobelins são o último vestígio do passado industrial do bairro. O rio Bievre havia virado um esgoto a céu aberto no século 19; ele ainda corre hoje pelo subsolo de Paris. Na década de 1920, Ernest Hemingway morou neste bairro; perto daqui, James Joyce terminou de escrever seu *Ulysses*. A place de la Contrescarpe era conhecida por seus cafés e cabarés baratos, onde escritores e artistas se reuniam. George Orwell, que viveu aqui para "experimentar a pobreza", descreve o bairro em *Na pior em Paris e Londres*. A rua principal – rue Mouffetard – tem um mercado de hortifrútis onde as mercadorias são expostas artisticamente. A rua é cheia de restaurantes franceses à moda antiga e de cafés animados e exóticos.

1 Do metrô Maubert-Mutualité, atravesse a praça e pegue a rue des Carmes até o Musée de la Prefecture de Police, na rue des Carmes, 1 bis.

Existe um mercado aqui desde a época medieval; hoje, ele acontece três vezes por semana (ter, qui e sáb). A praça tem o nome de um professor medieval, Maître Albert. Na Idade Média, os professores falavam de janelas do primeiro andar para estudantes sentados em fardos de palha na calçada. O poeta do século 14 François Villon descreve essas lições, o mercado e os corpos ainda dependurados da forca obscurecendo ao sol, com seus olhos sendo comidos por corvos. O Museu da Polícia conta a história da corporação desde suas origens até a introdução das mais recentes técnicas forenses. Documentos e objetos evocam os crimes mais hediondos, dos envenenamentos promovidos pela marquesa de Brinvilliers (ver Passeio 6) à trama do colar de diamantes de Maria Antonieta. Há uma parte do museu dedicada à Resistência Francesa e à Libertação de Paris.

2 Saia do museu e pegue a rue Basses des Carmes. Vire à direita na rue de la Montagne Ste-Genevieve, parando na place de la Montagne Ste-Genevieve. A École Polytechnique fica à esquerda.

Esta praça é um cruzamento onde várias ruas antigas se encontram. A rue de la Montagne Ste-Genevieve existe desde o século 12, e as casas antigas daqui são labirintos de corredores e pátios escuros. A pequena praça era famosa por suas escolas e cabarés, que sobreviveram até a Revolução. A École Polytechnique, uma das "Grandes Écoles", abriu aqui em 1805. Ela se baseava na ideia revolucionária de meritocracia. Depois de graduados, os estudantes deviam trabalhar para o Estado por no mínimo sete anos. Muitos políticos franceses e vários presidentes se graduaram pelas Grandes Écoles. Hoje os estudantes moram nos subúrbios, bem afastados das distrações do Quartier Latin.

3 Continue subindo a ladeira até chegar ao Panthéon.

Este imenso edifício era originalmente uma igreja, resultado de uma promessa de Luís XV de realojar o santuário de Ste. Genevieve se ele se curasse de uma doença. A igreja foi concluída quando a Revolução estava começando, em 1789, e a Assembleia Constituinte decidiu que deveria se tornar o Panthéon nacional, onde os grandes nomes seriam homenageados. Mirabeau, Voltaire, Rousseau e Marat foram enterrados aqui, mas Mirabeau foi mais tarde "despantheonizado" por ser considerado "insuficientemente revolucionário". Após voltar a ser igreja, no reinado de Napoleão III, ela foi usada como sede da Comuna quando Napoleão III foi para o exílio, mas virou de novo um Panthéon quando Victor Hugo foi enterrado aqui, em 1885. O cientista Foucault suspendeu um pêndulo de sua cúpula em 1851 para provar que a Terra gira.

PANTHÉON; DIARIAM 10h-18h30;
TEL: 01 44 32 18 00 www.monum.fr

DISTÂNCIA **2,5km**

DURAÇÃO **2 horas**

INÍCIO **Estação de metrô Maubert-Mutualité**

TÉRMINO **Estação de metrô Les Gobelins**

5
6

4 À esquerda fica a igreja de St-Étienne-du-Mont.

Admire a fachada antes de entrar. Acima da entrada, um entalhe semicircular mostra o apedrejamento de santo Estêvão, o padroeiro da igreja, que foi consagrada em 1629. Santo Estêvão mais tarde virou padroeiro dos que sofrem de dores de cabeça e enxaqueca. Duas grandes figuras preenchem os nichos; à esquerda fica santo Estevão, simbolizando o martírio; e à direita santa Genoveva, representada como uma pastora. Uma vez dentro, ande pela nave em direção à parte de trás. Em volta do coro há uma magnífica grade, um rendilhado em pedra esculpida, formando uma proteção em volta do coro. Passando a grade, na terceira capela à direita fica um relicário de santa Genoveva, que dizem conter um osso de seu dedo. Ao lado, o sarcófago de pedra do século 3º é de seu enterro original. Ela defendeu Paris quando Átila e os hunos sitiaram a cidade, o que lhe valeu a condição de santa padroeira de Paris. O vitral acima de seu santuário mostra suas relíquias sendo exibidas em procissão para invocar a proteção da cidade.

5 Siga até a parte de trás da igreja e saia pela pequena porta dos fundos, à direita. Vire à esquerda na rue Clovis. À direita, ao longe, fica um grande fragmento da Muralha de Filipe Augusto.

Esta seção transversal da muralha da cidade do século 12 é uma das várias que sobreviveram em Paris. O Louvre foi construído como fortaleza para guardar a abertura criada pelo Sena. A muralha foi fortificada com imponentes torres, e uma passagem interna de madeira permitia aos soldados circularem mantendo vigilância para tentativas de invasão da cidade.

6 Pegue a primeira curva à direita na rue du Cardinal Lemoine e pare no nº 74. Ernest Hemingway morou aqui num pequeno apartamento. Continue até a place de la Contrescarpe.

Hemingway mudou-se para o bairro de Mouffetard em 1921 e passou sete anos em Paris. Ele descreve seu apartamento no livro de memórias *Paris é uma festa.* Era uma moradia simples, com dois ambientes, sem água quente e sem banheiro; ele escreve que usava um balde, e depois o levava para fora até a carroça de lavagem, puxada a cavalo. Hadley, sua mulher, descia para pegar leite de uma pastora de cabras que anunciava sua chegada com uma trombeta. O bairro e a place de la Contrescarpe eram famosos por seus cafés e bares surrados, e vários escritores da época deixaram relatos da sujeira, das bebedeiras e das infindáveis brigas que ocorriam aqui. Toda sexta-feira à noite havia uma festa de escritores num cabaré embaixo do apartamento de Hemingway. A romancista Jean Rhys (1890-1979) visitou o local e escreveu sobre o "o cheiro azedo de corpos bêbados" e a "aguardente perigosamente barata". O nome da praça vem da palavra "escarpa", que era uma espécie de aterro militar erguido contra a parte externa da muralha da cidade. Em volta da praça há vários cafés, padarias e sorveterias.

7 Atravesse a praça em diagonal, e entre à esquerda na rue Mouffetard e depois à direita na rue du Pot de Fer.

Na esquina da rua há uma das sete fontes que antes forneciam água potável fresca para a Margem Esquerda. Estas fontes foram projetadas como extensões do aqueduto Maria de Médicis, construído para levar água até as fontes do jardim de seu Palais du Luxembourg. O nome Pot de Fer significa "pote de ferro", e se refere aos baldes de carregar água. George Orwell (1903-1950) morou no nº 6 quando escrevia *Na pior em Paris e Londres*. Ele descreve a rua e seus hotéis baratos daquela época como repulsivos, mas a rua hoje é agradável e cheia de pequenos restaurantes e bistrôs.

8 Vire à esquerda na rue Tournefort, caminhe até a rue Lhomond e entre na passage des Postes. Vire à direita de volta à rue Mouffetard e siga até a igreja de St-Médard, à esquerda.

Este final do Mouffetard é sua parte mais charmosa; o mercado está sempre movimentado e as fachadas das lojas são uma mistura de arquiteturas antigas. Admire as fachadas com suas placas antigas, especialmente a do nº 122, "A la Bonne Source". Esta rua antiga antes ligava a Paris romana a Roma. A igreja de St-Médard é em grande parte do século 16 e tem o nome do padroeiro dos fabricantes de guarda-chuvas: são Medardo foi protegido de uma violenta tempestade por uma águia que abriu as asas sobre ele. No século 18, dizem que curas milagrosas tiveram lugar no cemitério daqui, e logo vieram pessoas de todas as partes para testemunhar os eventos. Os grupos que se reuniam eram chamados de "convulsionistas", e as pessoas tinham visões, transes e convulsões, que terminavam com histerias em massa. O cemitério precisou ser murado para acabar com as reuniões clandestinas, e foi colocada uma placa que dizia: "O Rei proíbe Deus de realizar milagres aqui".

ONDE COMER

1 AUX CERISES DE LUTECE
Rue Monge, 86
Tel: 01 43 31 67 51
Salão de chá e loja de antiguidades.

2 BISTRO DE LA MONTAGNE
Rue de la Montagne Ste-Genevieve, 38 Tel: 01 43 54 79 68.
Animado e barato, com a comida servida numa adega do século 13.

3 LE BALZAR
Rue des Écoles, 49
Tel: 01 43 54 13 67
Charmosa brasserie tradicional.

9 Termine o passeio voltando à estação de metrô Cardinal Lemoine. Uma opção é continuar pela avenue des Gobelins até o nº 34, a Manufacture des Gobelins. Ela fica aberta para visitas guiadas, mas estas são realizadas apenas em francês. A estação de metrô Les Gobelins fica em frente às oficinas.

PASSEIO 22

A esquecida Paris do mundo antigo

A pacata Paris perto do Jardin des Plantes está voltada para o passado. Aqui você curte jardins e praças como em nenhum outro lugar da cidade. Este bairro cresceu em volta do Muséum National d'Histoire Naturelle. Suas principais coleções, recém-restauradas, são expostas cronologicamente na *Galerie de l'Évolution*. Há uma excelente livraria, que pode ser visitada sem entrar no museu. Paleontologia, botânica e mineralogia ficam em pavilhões separados ao longo do lado sul do jardim. A Ménagerie, com répteis, pássaros, pequenos mamíferos e grandes felinos, é fascinante (cobra-se ingresso). É o maior zoológico da França, criado quando a Menagerie Royale veio de Versalhes para cá na época da Revolução, época em que os parisienses viram pela primeira vez animais selvagens como ursos, elefantes e girafas. Mas, durante o cerco de Paris na década de 1870, parisienses esfomeados comeram os animais. Existe uma grande comunidade islâmica neste bairro, e a Mesquita de Paris fica aberta para chás e doces. O Instituto do Mundo Árabe também fica aqui; o salão de chá na cobertura oferece uma vista excepcional, que abrange o Sena e Notre-Dame.

1 Comece na estação de metrô Gare d'Austerlitz e ande para o norte pelo boulevard de l'Hôpital até a place Valhubert. Atravesse a Pont d'Austerlitz para admirar a vista, e volte até a entrada principal do Jardin des Plantes.

O jardim botânico de Paris era originalmente um jardim medicinal do rei Luís XIII. Em 1626, dois dos médicos do rei obtiveram permissão para criar o jardim; a escola de botânica, história natural e farmácia veio depois. Ao entrar, os edifícios do museu e os jardins ficam à esquerda, e a Ménagerie, as estufas e o jardim alpino, à direita. Há um pequeno labirinto na extremidade direita, perto da saída do jardim pela rue Geoffroy St-Hilaire. A estátua de Jean-Baptiste Lamarck (1744-1829) na entrada homenageia o botânico do século 18, cujas ideias sobre a evolução foram contestadas até serem retomadas por Darwin no século 19. Admire a fachada do edifício do zoológico, bem em frente. Ele abriga mais de 2 milhões de animais conservados, empalhados ou secos. Muitas espécies extintas, como a do pássaro dodó, podem ser vistas aqui. As estufas são obras-primas de arquitetura e engenharia em metal, embora tenham sido restauradas depois dos bombardeios sofridos durante a Guerra Franco--Prussiana de 1871. Os jardins tropicais dentro das estufas merecem uma visita. Cobra-se um ingresso barato.

MUSÉUM NATIONAL D'HISTOIRE NATURELLE; QUA-SEG 10h-17h; TEL: 01 40 79 56 01 www.mnhn.fr

LA MOSQUÉE

2 Saia do jardim pelo portão entre o Musée de Minéralogie e a Grande Galerie de l'Évolution. Em frente fica a entrada para a Mosquée.

A Mesquita de Paris dá um toque exótico a este bairro. O grande edifício branco, com seu impressionante minarete, foi construído entre 1922 e 1926 em estilo hispano-mourisco. O grande pátio no centro foi inspirado no Palácio de Alhambra, em Granada, Espanha. Técnicas e artesãos muçulmanos foram usados para decorar o edifício. Com seu canto, o *muezzin* convoca os fiéis para a oração do alto do minarete de 33m de altura. Os *hammam* (banhos turcos) ficam abertos ao público, e há uma loja separada que vende peças de artesanato muçulmano. Num espaço ajardinado você pode sentar sob guarda-sóis, tomar chá de menta e comer doces tradicionais.

MUSÉE DE MINÉRALOGIE; QUA-SEG 10h-17h. LA MOSQUÉE, TEL: 01 45 35 97 33 www.la-mosquee.com

PÁGINA AO LADO: MUSÉUM NATIONAL D'HISTOIRE NATURELLE

DISTÂNCIA **2,5km**

DURAÇÃO **2 horas**

INÍCIO **Gare d'Austerlitz**

TÉRMINO **Estação de metrô Cardinale Lemoine**

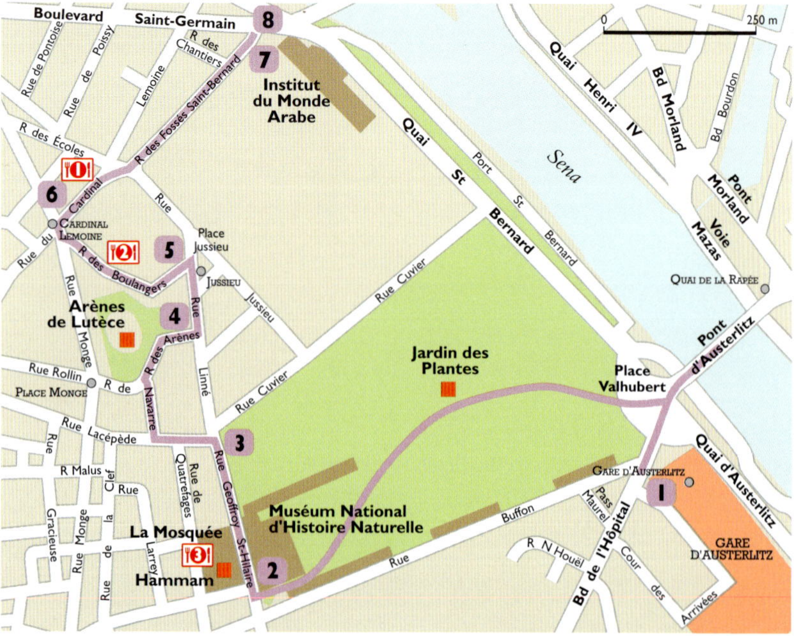

3 Siga a rue Geoffroy St-Hilaire, vire à esquerda na rue Lacepède, depois à direita na rue Navarre. Em frente fica a entrada para as Arènes de Lutèce.

Cerca de dois terços da estrutura original desta espetacular arena romana sobreviveram. Até meados do século 19, quando os arqueólogos começaram a se interessar pelo passado romano da cidade, a arena ficou oculta sob uma massa de edifícios, e o anel central havia virado terminal de ônibus. Explore os caminhos que sobem pelas fileiras de assentos, hoje com apenas dois terços de sua altura original. A arena era usada para esportes sangrentos e podia acomodar até 20 mil pessoas, ou seja, mais ou menos a população total da Paris romana. Podia-se preencher a arena com a água do vizinho rio Bièvre – note os dutos de água em frente ao palco. As portas gradeadas dos lados da arena eram usadas para soltar animais ferozes nas lutas de gladiadores. A entrada principal, por onde entrava e saía a multidão, era chamada de

PÁGINA AO LADO: MUSÉUM NATIONAL D'HISTOIRE NATURELLE

ONDE COMER

1 L'ÉPOQUE
Rue du Cardinal Lemoine, 81
Tel: 01 46 34 15 84
Bistrô no estilo antigo.

2 LA PETITE LÉGUME
Rue des Boulangers, 36
Tel: 01 40 46 06 85
Produtos vegetarianos e orgânicos.

3 LA MOSQUÉE
Rue Geoffroy St-Hilaire, 39
Tel: 01 43 31 38 20
Chá, doces e cuscuz.

vomitorium. Há vestígios de buracos para postes, confirmando que a arena podia ser coberta com uma lona para proteger os espectadores do sol e da chuva. O muro do palco era originalmente mais alto, e as pequenas câmaras atrás dele eram os camarins de quem se apresentava.

4 **Vá até a square Capitan, à direita, e pegue a saída da rue des Arènes. Entre à esquerda na rue Linné e pare na place Jussieu.**

No período de aulas, cerca de 10 mil estudantes por dia frequentam este complexo universitário. Os edifícios, da década de 1960, têm um estilo de quartel, pouco criativo. O complexo universitário divide-se em métricos pátios quadrados, com uma grande torre no centro. Há tanto charme aqui como em um estacionamento de carros, embora na década de 1980 vários artistas famosos tenham decorado os pátios com obras modernas, especialmente na faculdade de ciências, que leva o nome de Pierre e Marie Curie. Na rue Jussieu há um pequeno museu onde o departamento de mineralogia mostra algumas de suas pedras preciosas mais espetaculares. Como há muitos estudantes na área, o clima é sempre animado e os preços de cafés, lanchonetes e livrarias não são caros.

5 **Pegue a rue des Boulangers, do lado oposto da praça, e ande até a estação de metrô Cardinal Lemoine.**

Esta rua íngreme e sinuosa é do século 14. Muitas de suas casas são antigas, com detalhes como águas-furtadas, balaustradas de ferro trabalhado e grandes portões decorados. O nome da rua vem dos muitos padeiros que se instalaram aqui no século 16. As casas dos n°s 19-31 estão construídas no local de um convento para moças inglesas. Aurore Dupin, que se tornou uma escritora francesa famosa sob o pseudônimo de George Sand (1804-1876), estudou aqui.

6 **Na estação de metrô Cardinal Lemoine vire à direita e desça a ladeira até a rue du Cardinal Lemoine em direção ao Sena. Pegue à direita na bifurcação e siga pela rue des Fossés Saint-Bernard.**

No nº 49 da rue du Cardinal Lemoine pare para ver a adorável mansão Le Brun, construída em 1700 para um sobrinho do famoso pintor Charles Le Brun,

encarregado da decoração de Versailles. Durante um tempo ela hospedou o pintor Watteau, e depois, na década de 1760, Buffon, o historiador natural do jardim botânico. É a casa mais magnífica do bairro, erguida pelo arquiteto Germain Boffrand (1667-1754) segundo a fórmula do arquiteto romano Vitrávio, como exposta em sua obra *De architectura*.

7 Continue até o Institut du Monde Arab, no quai St-Bernard, 23.

O IMA (Instituto do Mundo Árabe) foi fundado na década de 1980 em um esforço conjunto da França e 19 países árabes. A ideia era construir um centro cultural e museu que promovesse a harmonia entre as culturas francesa e árabe, embora questões a respeito de quem iria pagar o que tenham levado a vários anos de atraso e desarmonia.

Foi escolhido o projeto do arquiteto Jean Nouvel, responsável por muitos edifícios modernos de Paris. Há uma biblioteca aqui, com uma única prateleira que se move continuamente em espiral pelos cinco andares do centro de documentação. A fachada sul do edifício consiste em painéis sensíveis à luz, que seguem o modelo das janelas de madeira esculpida chamadas *moucharabiehs*, usadas em edifícios desde o Marrocos até o Sudeste Asiático. Os painéis são controlados por computador, de modo que as aberturas aumentam ou diminuem de tamanho, conforme a intensidade da luz do sol. Entre para ver os painéis de perto, e aproveite para pegar o elevador até o salão de chá do sétimo andar e apreciar a linda vista da cidade.

8 O passeio termina aqui. Volte até a estação de metrô Cardinal Lemoine.

PÁGINA SEGUINTE: MUSÉUM NATIONAL D'HISTOIRE NATURELLE

PASSEIO 23

Embaixo, no meio dos ossos

Sob as ruas de Paris fica um dos museus mais estranhos do mundo, Les Catacombes. Este passeio não é recomendado para claustrofóbicos.

O bairro de Denfert em Paris é calmo e tranquilo, uma área residencial com um adorável mercado de hortifrútis na rue Daguerre. Era um lugar rural até o século 19 e tem muitos conventos e mosteiros. O Observatório fica localizado aqui, assim como o elegante edifício do HôpitalVal-de-Grâce. É difícil imaginar que 20m abaixo de nossos pés fica um museu onde você pode andar por cerca de 1km de passagens subterrâneas, escavadas do leito de pedra de Paris pela mão do homem. Esses corredores subterrâneos têm embutidos em suas paredes os ossos de 6 milhões de parisienses, que viveram entre a Idade Média e o século 18. Não há como escapar de uma contemplação da mortalidade neste local, pois este cemitério subterrâneo é uma pungente lembrança da inevitabilidade da morte e ilustra com perfeição o poema de James Shelley, *Death the Leveller* ("Morte, a niveladora"), que proclama sermos todos iguais na morte. Os visitantes do século 19 recebiam uma vela e seguiam uma linha preta pintada no teto. Hoje, uma lanterna de bolso é útil para iluminar todos os cantos.

1 Comece o passeio na estação de metrô Denfert-Rochereau.

O nome desta praça homenageia um coronel que, junto com um grupo de bravos soldados, defendeu a cidade de Belfort durante as guerras de 1870. O leão de bronze é uma cópia em tamanho menor do Leão de Belfort, que simboliza a heroica defesa do coronel. Foi feita por Bartholdi, escultor da Estátua da Liberdade. A praça é ladeada por dois pavilhões; originalmente, eram as duas cabines de impostos que controlavam o portão de Denfert na entrada da cidade murada de Paris, no século 18. Hoje, o que fica do lado do metrô é o escritório administrativo da pedreira, e o que fica do lado esquerdo é a entrada para Les Catacombes. Pare no saguão do edifício, ao lado da entrada, para ver a fascinante maquete da pedreira.

LES CATACOMBES;

TER-DOM 10h-16h (Fecha aos feriados)

TEL: 01 43 22 47 63;

2 Compre ingresso ou use o passe para museus. Cruze a catraca, comece a descida (90 degraus) e depois siga o corredor subterrâneo até chegar à câmara chamada Atelier.

Reuniões clandestinas eram realizadas nesta câmara desde o século 18, quando grupos de bruxas, contrabandistas e sociedades secretas usaram o local para levar adiante seus planos sigilosos. Durante a Segunda Guerra Mundial, membros da Resistência Francesa estabeleceram aqui seu quartel-general.

A primeira parte do túnel é formada pelos muros de pedra que sustentam o teto da pedreira; a segunda parte, curiosamente em forma de ataúde, é lavrada diretamente na pedra. O Atelier faz parte da pedreira. Ao chegar, olhe pelo corredor que foi bloqueado por um desabamento, e verá onde os blocos de pedra foram cortados. Mulheres e crianças trabalhavam na pedreira retirando carrinhos cheios de pedras. Ao se remover a pedra, colocaram-se pilares para sustentar o teto. Um trabalhador da pedreira chamado Ducure morreu aqui num desabamento, e diz-se que os finos veios vermelhos de minério de ferro que gotejam das paredes são do seu sangue. Durante a Revolução, um porteiro do hospital próximo decidiu explorar o túnel; ele se perdeu e seu corpo só foi achado 11 anos mais tarde. Ele foi identificado pelo molho de chaves.

3 Continue até a entrada do ossário.

Acima da entrada fica a inscrição "Pare. Aqui é o império da morte!" Estima-se que há aqui os ossos de 6 milhões de parisienses. A maioria vem do Cemitério dos Inocentes, mas ossos de muitas outras igrejas foram trazidos para cá no século 18. Houve vários enterros durante a Revolução, quando vítimas de massacres eram brutalmente atiradas aqui embaixo e deixadas a apodrecer. No início, os ossos eram apenas empilhados. O governo de Napoleão mandou arranjá-los nos padrões e mosaicos que vemos hoje nos corredores.

DISTÂNCIA 2,5km

DURAÇÃO 2h30min

INÍCIO Estação de metrô Denfert-Rochereau

TÉRMINO Estação de metrô Port Royal

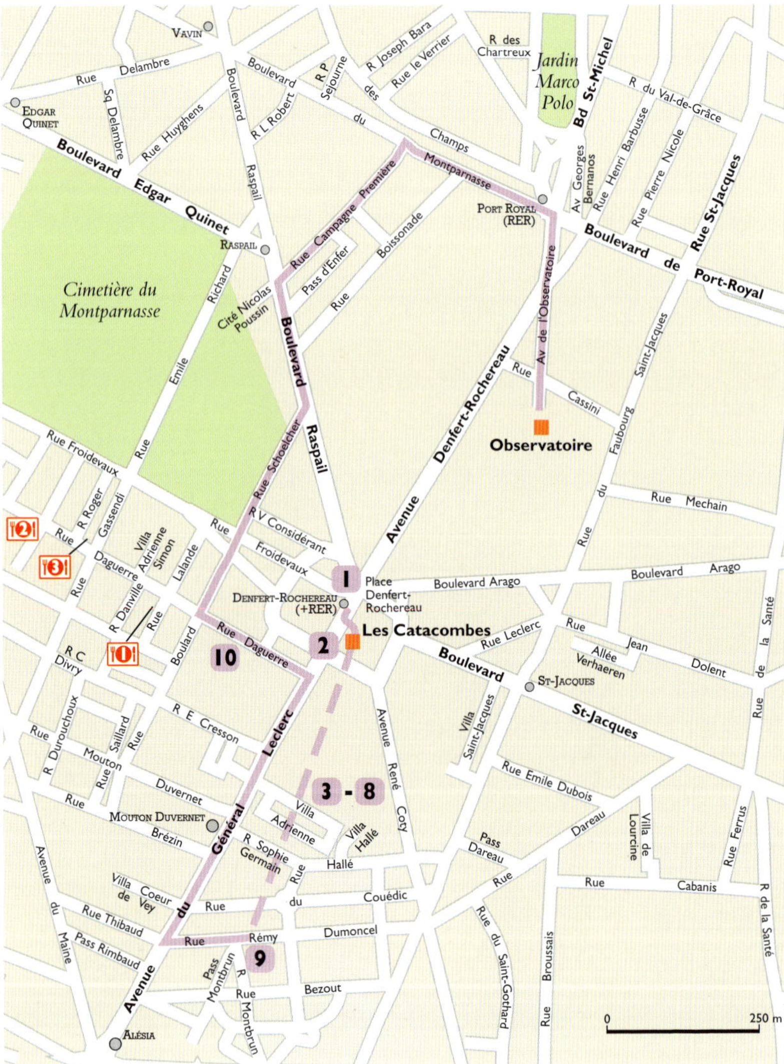

PÁGINA AO LADO: LES CATACOMBES

4 Do ossário, continue até a Fontaine de la Samaritaine (câmara do poço), e depois até a Crypt du Sacellum.

Este poço, feito para oferecer água potável aos trabalhadores da pedreira, foi apelidado de "banho de pés", pois as pessoas não enxergavam no escuro e a toda hora punham os pés dentro dele. O nome Samaritaine refere-se à mulher samaritana que ofereceu água a Cristo. A Crypte du Sacellum foi usada como igreja; rezava-se missa aqui regularmente e, em 2 de abril de 1897, ela foi palco de um concerto clandestino à meia-noite. No programa estavam a *Dança macabra* de Saint-Saëns e várias marchas fúnebres. A equipe da pedreira responsável por admitir a orquestra e os convidados foi mais tarde demitida. A amiga de Maria Antonieta, Mme de Polignac, deu um banquete aqui, e o conde d'Artois, mais tarde rei Carlos X, oferecia jantares secretos. Os parisienses ainda encontram meios ilícitos de entrar à noite aqui, e podem-se ver garrafas de champanhe vazias atrás das pilhas de ossos.

5 O circuito leva você a um pequeno monumento chamado La Lampe Sépucrale (A Lâmpada Sepulcral), e depois ao Tombeau dit "de Gilbert" (o Túmulo dito "de Gilbert").

Este pequeno monumento foi o primeiro das Catacombes. Originalmente, um braseiro era mantido aceso aqui porque melhorava a circulação do ar. O túmulo é apenas um monumento, não há nenhum corpo dentro. O infeliz poeta Gilbert (1751-1780) escreveu um emocionado poema à morte em 1780. Oito dias depois morreu após cair do cavalo.

6 Continue andando até chegar a uma curva acentuada em forma de U.

Os dois monumentos de pedra daqui celebram as vítimas da Revolução. A luta travada em Paris levou a horríveis massacres em agosto de 1788, quando o ministro das Finanças, Brienne, renunciou, e em 28 de abril de 1789, quando trabalhadores de fábrica se revoltaram. Em 1792, parisienses revoltados invadiram as prisões da cidade, matando inocentes e culpados. Em 10 de agosto de 1792, foram mortas 2 mil pessoas quando o grupo *sans-culottes* de revolucionários ameaçava tomar o Palais des Tuileries. Seus ossos descansam aqui.

7 Continue em direção à saída. Numa pequena capela de ossos à esquerda estão os restos trazidos do Cemitério da Madeleine.

Este cemitério ficava perto da place de la Concorde, onde estava instalada a guilhotina. Os restos dos decapitados eram simplesmente atirados em uma vala comum. Mais tarde, os ossos eram trazidos para cá e provavelmente incluem os de figuras históricas como Danton, Robespierre, Mme Roland, e talvez até os de Maria Antonieta e Luís XVI.

8 Siga pelo túnel de inspeção da pedreira *(galeries maçonées et appareillées)* até a saída.

A última parte da jornada é fascinante. Continue olhando para cima: você vai passar por duas grandes câmaras em forma de sino. Estas formas cônicas aparentemente suspensas são o resultado do afundamento gradual do solo. São muito perigosas, pois quando uma cúpula de pedra se destaca nesta forma de sino não é detectável da superfície; se um veículo passar em cima da fina camada que restou pode de repente cair 30m. O último desabamento sério ocorreu em 1995 no 9º distrito de Paris. Ao sair das Catacombes, haverá uma checagem das bolsas; aqui a preocupação maior é com o que você possa estar levando embora, e não com o que possa trazer com você.

9 Saia na rue Rémy Dumoncel e entre à direita na avenue Générale Leclerc. Vire à direita, continuando no lado esquerdo até a rue Daguerre.

Este local abriga um agradável mercado de rua, cheio de cafés, restaurantes e bancas de comida fresca. É animado e pitoresco, e muito bom para parar e almoçar, especialmente depois de toda a escuridão das Catacombes. A rua se chama Daguerre, nome do francês que inventou a fotografia.

10 Siga pela rue Daguerre, vire à direita na rue Boulard, e depois continue em frente pela rue Schœlcher. Vire à esqueda no boulevard Raspail, à direita na rue Campagne Première e à direita no boulevard du Montparnasse, parando na esquina da avenue de l'Observatoire.

ONDE COMER

1 CHEZ MARCELLE
Rue Lalande, 18
Tel: 01 43 20 00 38
Tradicional restaurante local.

2 LE BISTROT DES PINGOUINS
Rue Daguerre, 79
Tel: 01 43 21 92 29
Cozinha francesa contemporânea.

3 AUX PETITS CHANDELIERS
Rue Daguerre, 62
Comida étnica e caribenha.

A construção do Observatório, situado no meridiano de Paris, começou no dia do solstício de verão de 1667. O meridiano londrino de Greenwich foi adotado quase universalmente em 1884, mas Paris ainda usou o seu próprio até 1911. A velocidade da luz foi calculada aqui, e em 1679 o Observatório produziu um mapa detalhado da Lua. Em 1846, Le Verrier (1811-1877) provou a existência de Netuno aqui por dedução matemática. Hoje, o Observatório ainda é um centro de pesquisa científica importante, e o mais velho edifício deste tipo ainda em operação. O primeiro relógio falante do mundo foi montado aqui em 1933. No lado oposto do bulevar ficam os Jardins de Luxembourg, um lugar ideal para um piquenique. A estação de metrô mais próxima é Port Royal, mas você pode terminar o passeio em frente ao Closerie des Lilas, um café famoso, frequentado pelo escritor Ernest Hemingway.

PASSEIO 24

A Paris dos pintores

Siga as pegadas de artistas do século 19 como Picasso, Matisse e Modigliani, que vieram a Montparnasse para ficar perto da Escola de Arte de Paris. Ainda rural, Montparnasse era o lugar em que os estudantes da universidade vinham buscar inspiração junto às musas do monte Parnaso. Como havia poucas construções, os artistas e escultores podiam alugar pequenos chalés com jardins por preço bem barato, e na virada para o século 20, Paris era o lugar para se estar; muitos artistas vieram para cá fugindo de perseguições antissemitas na Europa oriental. Esta combinação de comida e hospedagem barata, bons professores e cafés abertos a noite inteira atraiu Picasso, Matisse, Modigliani, Soutine e Chagall. Durante a Ocupação, quando o metrô era o único meio de transporte, a estação local foi fechada. St-Germain-des-Prés continuou aberta, por isso os clientes dos cafés migraram para o sul, que virou a área de entretenimento noturno. A expansão imobiliária brutal da década de 1960 deixou marcas na área, mas ainda há algumas ruas secundárias charmosas. Como a estação liga a Bretanha a Paris, muitos restaurantes daqui ainda servem os tradicionais *crêpes* e *galettes* bretões, que são iguarias baratas, informais e deliciosas.

1 Saia da estação de metrô Montparnasse Bienvenüe (saída nº 2). Desça a avenue du Maine e vá até o Musée du Montparnasse no nº 21.

Um charmoso enclave de ateliês de artistas cobertos de trepadeiras abriga o pequeno Museu Montparnasse. É um edifício onde a pintora russa Marie Vassilieff (1884-1957) mantinha uma cantina gratuita e informal para seus amigos artistas pobres durante a Primeira Guerra Mundial. À noite, eles se divertiam de maneira caseira: Modigliani cantava, Marie Vassilieff ensaiava danças folclóricas russas, e Picasso os imitava. O museu se especializou em exposições de obras da década de 1920, época que coincidiu com o auge da fama do bairro.

MUSÉE DU MONTPARNASSE;
TER-DOM 12h30-19h; TEL: 01 42 22 91 96
www.museums-of-paris.com/musee_fr

2 Saia do museu, vire à esquerda na avenue du Maine e vá até o moderno arranha-céu da Tour Montparnasse.

A Torre Montparnasse, de escritórios, foi erguida no final da década de 1960 e tem dois terços da altura da Torre Eiffel. Oferece uma vista espetacular do alto do 56º andar e, ao contrário do que ocorre na Torre Eiffel, seu elevador é bem rápido (é provável que você deixe seu estômago no térreo). É uma boa alternativa para ver os telhados de Paris sem enfrentar a fila da Torre Eiffel. Ninguém sabe como foi obtida a permissão para se erguer esta torre, já que em tese há um limite de altura para se construir em Paris.

O rumor é de que o então ministro da Cultura foi subornado.

TOUR MONTPARNASSE;
DIARIAM 9h30-11h30; TEL: 01 45 38 52 56
www.tourmontparnasse56.com

3 Atravesse a rue du Départ e siga pelo boulevard Edgar Quinet. À esquerda você vai passar pela rue d'Odessa e pela rue du Montparnasse, cheias de animadas e baratas crêperies, a especialidade bretã que tornou o bairro conhecido. Continue pelo boulevard Edgar Quinet até chegar ao Cimetière du Montparnasse, no nº 3.

Este grande cemitério, originalmente situado fora dos limites da cidade, tem vários túmulos famosos. Pegue o mapa gratuito no escritório à esquerda da entrada; com ele é mais fácil encontrar os túmulos de Jean-Paul Sartre, Simone de Beauvoir, Samuel Beckett e Charles Garnier, o projetista da Ópera. Há outros túmulos extraordinários. Procure ver o

PÁGINA AO LADO: INTERIOR DO ATELIÊ DE UM ARTISTA DE MONTPARNASSE

DISTÂNCIA **2km**

DURAÇÃO **2 horas**

INÍCIO **Estação de metrô Montparnasse Bienvenüe**

TÉRMINO **Estação de metrô Port Royal**

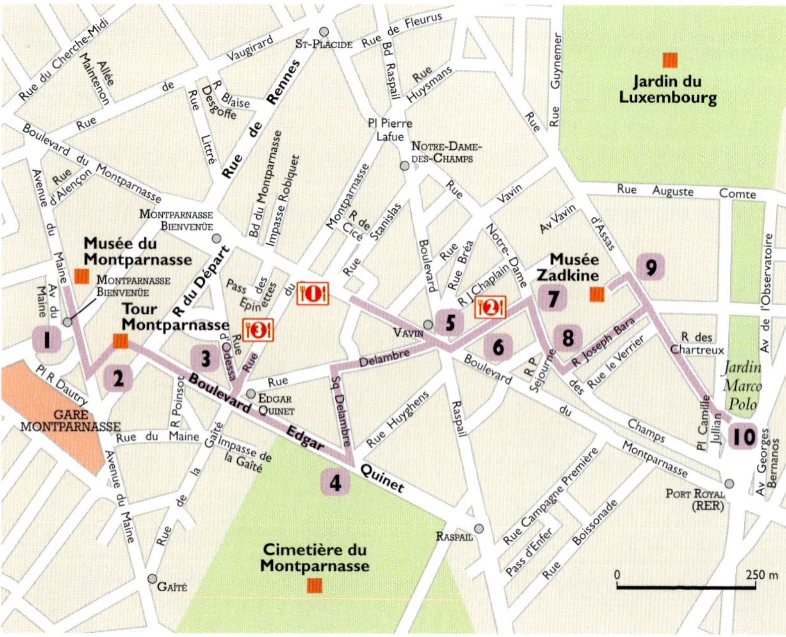

túmulo da família Pigeon, que mostra um casal na cama (vestido).

4 Saia do cemitério por onde entrou. Siga o boulevard Edgar Quinet e a square Delambre, em frente. Vire à direita na rue Delambre e ande até o nº 9, onde morou a dançarina Isadora Duncan, e o nº 10, o Dingo Bar, onde Hemingway bebia com Scott-Fitzgerald. No final da rua, vire à esquerda. O boulevard du Montparnasse é cheio de restaurantes e brasseries.

Estes locais eram muito populares no início do século 20, quando a área era reduto de artistas e escritores e a maioria dos cafés ficava aberta até tarde. As pessoas saíam das casas noturnas, que fechavam nas primeiras horas da manhã, e iam até um café 24 horas tomar o café-da-manhã. Os estabelecimentos mais preservados são o La Coupole no nº 102, com suas atraentes pinturas nas paredes, de artistas necessitados da época – eles dizem que os 30 artistas cujas obras podem ser vistas eram aqueles que não tinham como

PÁGINA AO LADO: TÚMULO DA FAMÍLIA PIGEON

FAMILLE
CHARLES PIGEON

pagar sua conta – e em frente, no nº 99, o Select Bar. Aqui Hemingway escreveu parte de seu romance *O sol também se levanta*.

5 Volte ao cruzamento do boulevard du Montparnasse com o boulevard Raspail, onde há no meio da rua uma estátua de Balzac, feita por Rodin.

Esta estátua, feita na década de 1890, causou impacto na época. As pessoas esperavam ver o escritor Balzac de cartola e fraque, mas Rodin sugeriu a força de seus romances e sua personalidade por meio de uma figura imensa, simples, que lembra uma poderosa pedra em pé.

6 Siga o boulevard Raspail e entre na primeira à esquerda, na rue de la Grande Chaumière.

Nesta rua há várias escolas de arte que datam do início do século 20. Ainda vêm estudantes do mundo inteiro para estudar arte em Paris. Dê uma espiada em qualquer um dos pátios – você verá que eles estão cheios de ateliês de artistas. No nº 9 fica o hotel onde Samuel Beckett se hospedou; Gauguin, Mucha e Modigliani usaram os ateliês do nº 8.

7 No final da rue de la Grande Chaumière vire à direita na rue Notre-Dame-des-Champs e continue até o nº 86, nos ateliês de artistas.

O artista americano James Whistler (1834-1903) morou aqui muitos anos. Seu quadro mais famoso, *Arranjo em cinza e preto: retrato da mãe do pintor* (conhecido como *A mãe de Whistler*) pode ser visto no Musée d'Orsay. Ele pretendia pintar um nu, mas a modelo faltou, e então ele pediu que a mãe posasse. Suas obras eram consideradas modernas demais, pois as pessoas achavam que elas não contavam uma história. Para Whistler, porém, uma pintura podia ser como a música, e é por isso que ele dava a suas obras títulos como "Arranjo" ou "Harmonia". Hemingway morou subindo a rua, em cima de uma serraria, no nº 113, mas o edifício não existe mais.

8 Vire à esquerda na rue Joseph Bara, e de novo à esquerda na rue d'Assas. Ande até o nº 100 e entre no pátio do Musée Zadkine.

Mesmo que você não queira visitar o interior deste museu, entre no pátio. Aqui você verá muitas das casas com jardins que tornaram a área tão popular entre artistas. Escultores, particularmente, precisavam de moradias térreas para acomodar seus pesados materiais. Zadkine (1890-1967) era um artista russo que veio para a França fugindo do antissemitismo. Uma de suas esculturas mais expressivas, que você pode ver no jardim, é uma figura com os braços erguidos num gesto de desespero e protesto. Vista como a versão em escultura do *Guernica* de Picasso, foi feita para lembrar o bombardeio de Roterdã pelos nazistas.

MUSÉE ZADKINE;

TER-DOM 10h-18h; TEL: 01 55 42 77 20

www.paris.fr/portail/Culture/Portal.lut

9 Ao sair do museu vire à direita na rue d'Assas. Ande em direção ao fim da rua, até a Closerie des Lilas.

Hoje bastante caro, este restaurante era o local favorito de Hemingway para escrever. Ele gostava daqui porque era um local de pessoas francesas comuns, e não de estrangeiros posando de escritores que poderiam interompê-lo para querer conversar. Em frente ao restaurante há

ONDE COMER

1 LA COUPOLE
Boulevard du Montparnasse, 102
Tel: 01 43 20 14 20
Brasserie tradicional, espaçosa.

2 WAJDA
Rue de la Grande Chaumière, 10
Tel: 01 46 33 02 02
Pequeno bistrô.

3 LE BIGOUDEN
Rue du Montparnasse, 62
Tel: 01 43 20 24 85
Crêperie bretã.

uma estátua do marechal Ney, do exército de Napoleão, cuja execução foi ordenada neste local após a derrota em Waterloo. Conta-se que a execução foi uma farsa, pois os soldados não queriam executar seu comandante. Dizem que ele fugiu e terminou a vida nos Estados Unidos.

10 Caminhe pela rue d'Assas e siga em direção à grande estátua no centro de uma fonte cercada de cavalos, na entrada do Jardin du Luxembourg.

Esta bela escultura é de Jean-Baptiste Carpeaux (1827-1875). Ela simboliza os Quatro Cantos do Mundo, e é composta pela representação de quatro mulheres de diferentes continentes. Os cavalos e tartarugas que parecem pular nos jatos de água são particularmente atraentes. O passeio termina aqui. A estação de metrô Port Royal fica atrás de você.

ÍNDICE

AGRADECIMENTOS

A Automobile Association agradece aos seguintes fotógrafos e organizações por sua contribuição para a preparação deste livro.

Capa: Stockxpert

3 Directphoto.org/Alamy; 6/7 Lebrecht Music and Arts Photo Library/Alamy; 8 Pictures Colour Library; 11 Pictures Colour Library; 12 Moritz Steiger/Alamy; 14 World Pictures/Photoshot; 17 Pictures Colour Library; 18 AA/J Tims; 19 AA/M Jourdan; 20/21 Pictures Colour Library; 22 AA/C Sawyer; 27 Guichaoua/Alamy; 28 AA/B Rieger; 31 AA/T Souter; 32 AA/M Jourdan; 34/35 Art Kowalsky/Alamy; 36 AA/M Jourdan; 39 AA/C Sawyer; 41 AA/P Kenward; 42 AA/P Kenward; 43 AA/P Kenward; 45 Pictures Colour Library; 46 AA/B Rieger; 48/49 Pictures Colour Library; 50 David A. Barnes/Alamy; 51 Danita Delimont/Alamy; 53 AA/C Sawyer; 54 Directphoto.org/Alamy; 56 AA/M Jourdan; 57 AA/T Souter; 59 Paul Shawcross/Alamy; 61 Pictures Colour Library; 62/63 World Pictures/Photoshot; 64 Pictures Colour Library; 65 Chuck Pefley/Alamy; 67 Christel Broque/Alamy; 69 Rough Guides/Alamy; 70/71 Pictures Colour Library; 72 AA/M Jourdan; 75 Pictures Colour Library; 77 AA/B Rieger; 78 AA/P Enticknap; 79 AA/T Souter; 81 Pictures Colour Library; 82 AA; 84 AA/K Paterson; 87 AA/B Rieger; 88 AA/J Tims; 90/91 Pictures Colour Library; 92 AA/K Paterson; 95 Pictures Colour Library; 97 AA/C Sawyer; 98 AA/K Paterson; 100 images-of-france/Alamy; 102 AA/C Sawyer; 103 AA/P Kenward; 104/105 Pictures Colour Library; 106 World Pictures/Photoshot; 107 tbkmedia.de/Alamy; 111 AA/ P Enticknap; 112 AA/K Paterson; 115 AA/K Paterson; 116 Glyn Thomas/Alamy; 117 Andrew Carruth/Alamy; 118/119 Pictures Colour Library; 120 AA/J Tims; 121 AA/T Souter; 125 AA/T Souter; 126 AA/B Rieger; 129 AA/B Rieger; 131 AA/B Rieger; 132/133 Pictures Colour Library; 134 F1 online/Alamy; 135 AA; 137 Pictures Colour Library; 138 AA/K Paterson; 140 AA/B Rieger; 143 AA/C Sawyer; 145 Kalicoba/Alamy; 146/147 AA/M Jourdan; 148 Visual Arts Library (London)/Alamy; 151 AA/J Tims; 154 Bertrand Collet/Alamy; 155 AA/M Jourdan; 157 PCL/Alamy; 159 AA/M Jourdan; 160/161 Pictures Colour Library; 162 AA/J Tims; 165 AA/K Paterson; 168 Acro Images/Alamy; 169 Rough Guides/Alamy; 171 Chuck Pefley/Alamy; 172 AA/C Sawyer.

Foram feitos todos os esforços para identificar os detentores do copyright, e pedimos desculpas antecipadamente por quaisquer omissões não intencionais ou erros. Faremos de bom grado as devidas correções em eventuais reedições desta publicação.